珍藏本
纪念版

汉译世界学术名著丛书

繁荣与萧条

〔美〕欧文·费雪 著

李彬 译

商务印书馆
SINCE 1897 The Commercial Press
2017年·北京

Irving Fisher
BOOMS & DEPRESSIONS: SOME FIRST PRINCIPLES
First published 1932, New York: Adelphi Company
本书根据纽约艾德菲公司 1932 年首版译出。

汉译世界学术名著丛书
(120 年纪念版·珍藏本)
出 版 说 明

2017 年 2 月 11 日，商务印书馆迎来 120 岁的生日。120 年前，商务印书馆前贤怀揣文化救国的理想，抱持“昌明教育，开启民智”的使命，立足本土，放眼寰宇，以出版为津梁，沟通中西，为中国、为世界提供最富智慧的思想文化成果。无论世事白云苍狗，潮流左右激荡，甚至战火硝烟弥漫，始终践行学术报国之志，无改初心。

迻译世界各国学术名著，即其一端。早在 20 世纪初年便出版《原富》《天演论》等影响至今的代表性著作，1950 年代后更致力于外国哲学和社会科学经典的译介，及至 1980 年代，辑为“汉译世界学术名著丛书”，汇涓为流，蔚为大观。丛书自 1981 年开始出版，历时三十余年，迄今已推出七百种，是我国现代出版史上规模最大、最为重要的学术翻译工程。

丛书所选之书，立场观点不囿于一派，学科领域不限于一门，皆为文明开启以来，各时代、各国家、各民族的思想与文化精粹，代表着人类已经到达过的精神境界。丛书系统译介世界学术经典，引领时代思想，为本土原创学术的发展提供丰富的文化滋养，为推动中国现代学术和现代化进程做出了突出的贡献。

为纪念商务印书馆成立120周年，我们整体推出“汉译世界学术名著丛书”120年纪念版的珍藏本，寄望既利于文化积累，又便于研读查考，同时向长期支持丛书出版的译者、编者和读者致以敬意。

两甲子后的今天，商务印书馆又站在了一个新的历史时间节点上。我们不仅要铭记先辈的身影和足迹，更须让我们的步伐充满新的时代精神。这是商务人代代相传的事业，更是与国家和民族的命运始终紧密相连的事业。我们责无旁贷，必须做好我们这代人的传承与创造，让我们的努力和成果不仅凝聚成民族文化的记忆，还能成为后来人可以接续的事业。唯此，才能不负前贤，无愧来者。

商务印书馆编辑部

2017年10月

献给在本书所研究的这一领域内世界公认的领军人物

——韦斯利·克莱尔·米切尔

“货币，作为一种有形的交换媒介，使多元化的文明成为可能；然而，实际上，也正是把我们带到了当前状况下的货币，通过其对人们所施加的精神效应，但更多的是通过其自身的运行机制，摧毁了我们的社会。”

——乔赛亚·斯坦普爵士

[引自欧文·费雪的著作《货币幻觉》(*The Money Illusion*)一书英文版的序言]

前　言

我曾受邀于1932年1月1日就1929—1932年间的大萧条为美国科学促进会(American Association for the Advancement of Science)做过一次演讲，本书便诞生于那次演讲，是对那次演讲内容的详尽阐述。

“商业循环”这一广阔领域是我以前从未触及的，我也从未试图从一个整体的角度对其进行分析。

本书所讨论的内容基本上限制在研究九个主要因素的作用上，这并不是因为它们涵盖了萧条这一主题的方方面面，而是因为在我看来，当前的这次以及其他几次主要的(即使不是全部的)大萧条所产生的重大影响都主要体现在这几个因素上。

正是由于有了这样的限制，相比于就一个所涉及内容宽泛得没有边际的主题而撰写的一篇论述详尽的专著来说，本书的篇幅有可能更短；同时，我也希望在一个外行读者的眼里，本书也更容易读懂。

无论如何，这九个因素相互之间都有着固有和明显的联系，因此我们不必诉诸经验。在这一领域，实证研究是非常重要和关键的，但通过将那些明显缺乏理性基础的研究排除在外，我们可以清楚地划定哪些是“首要的原则”。

本书中所提供的分析结果大体上来讲都是崭新的。但由于对这一领域的文献非常不熟悉，因此我决定将本书的第一遍草稿以油印的形式提交给一些权威人士，他们中有些人致力于所谓的商业循环的研究。几乎毫无例外，这些人都从我的理论中发现了很多新颖而正确的东西。

然而，由于没有进行持续多年的搜寻，我无法确定这些在我看来很新的东西中有多少已经被早先的一些作者预见到了，因此，本书的原创性贡献（这也是本书力求达到的一个目标）究竟有多大，就留给其他人去评说吧。

你们将会看到，本书的主要结论是，萧条多半是可以提前预防的，防止萧条的出现需要一个明确的政策，而联邦储备系统需要在其中发挥重要作用。这一问题甚至比我们旧有的全国银行系统存在的问题[先是催生了《奥尔德里奇报告》（*Aldrich Report*）的出台，而后又促成了联邦储备系统的建立]更为重要。

在我看来，在这种情况下我们应该不失时机地去采取一些必要的可行措施，包括国际性合作，从而将世界从它自1929年以来所遭受的这场没有必要的苦难中解救出来。

如果这一极具实际意义的任务没有很快得到认真执行，并且在另外一场席卷世界的灾难到来之前也没有圆满完成，那么我们可以预见，一个代表公众舆论的重要实体将会追究某些特定的个人的责任。简而言之，无知不能够作为忽视所有实际经济问题中最重要的一个问题的长期借口。

但由于我所掌握的关于这一主题的知识只是最近才了解到的，因此在本书中，尽管我尽力刻意不去归咎于国内外那些认为如果做了正确的事情就会避免萧条发生的人，但还是感觉有些力不从心。

我要感谢我的几个学生为本书所做的校勘工作。他们是莱斯特·V.钱德勒（Lester V. Chandler）、J.爱德华·埃利（J. Edward Ely）、弗洛伦斯·海尔姆（Florence Helm）、哈罗德·D.昆茨（Harold D. Koontz）、N.J.林登伯格（N.J. Lindenberg）、小陶尔曼·A.米勒（Taulman A. Miller, Jr.）以及希尔德雷思·温顿（Hildreth Winton）。

我还要感谢多位经济学家和一些朋友，他们带着善意对初稿进行了阅读，并从综合的角度做出了评论。他们是詹姆斯·W.安杰尔（James W. Angell）、伦纳德·P.艾尔斯（Leonard P. Ayres）、J. M.克拉克（J. M. Clark）、维克多·S.克拉克（Victor S. Clark）、约翰·R.康芒斯（John R. Commons）、约翰·H .科弗（John H. Cover）、艾尔弗雷德·考尔斯三世（Alfred Cowles, Ⅲ）、W. L.克拉姆（W. L. Crum）、H. C.伊迪（H. C. Edie）、亨利·W.法纳姆（Henry W. Farnam）、沃伦·F.希克内尔（Warren F. Hickernell）、雅各布·H.霍兰德（Jacob H. Holland）、W. I.金（W. I. King）、R. R.库克金斯基（R. R. Kuczynski）、威廉·C.李（William C. Lee）、埃蒙德·E.林肯（Edmund E. Lincoln）、H. L.麦克拉肯（H. L. McCracken）、欧内斯特·M.帕特森（Ernest M. Patterson）、尼古拉斯·拉法洛维奇（Nicholas Raffalovich）、马尔科姆·C.罗蒂（Malcolm C. Rorty）、E. R. A.塞利格曼（E. R. A. Seligman）、卡尔·斯奈德（Carl Snyder）、G. F.沃伦（G. F. Warren）、弗雷德里克·V.沃（Frederick V. Waugh）、E. B.威

尔森(E. B. Wilson)、伊万·赖特(Ivan Wright)、昆西·赖特(Quincy Wright)和爱德加·H.约兰德(Edgar H. Yolland)。

我要特别感谢下面这些人,毫无疑问他们为本书牺牲了很多,他们花费了大量的时间和精力认真细致地研究了书稿的部分或全部内容。他们是哈里·G.布朗(Harry G. Brown)、J. D.坎宁(J. D. Cunning)、C. O.哈迪(C. O. Hardy)、哈罗德·L.里德(Harold L. Reed)、N. J.希尔伯林(N. J. Silbering)和查尔斯·蒂皮茨(Charles Tippetts)。

最后,我要感谢我的同事罗亚尔·米克尔(Royal Meeker),他收集了很多事实材料,仔细审读了整个书稿,并帮助我重新撰写了一些内容。感谢我的兄弟赫伯特·W.费雪(Herbert W. Fisher),他从一个外行的角度,努力去让一个艰深晦涩的主题变得更容易理解。有了他们的帮助,才使得我能够以人人都能读懂的浅显语言写就了这本书。

欧文·费雪

康涅狄格州　纽黑文

1932年7月

目　　录

第一部分　理论探讨

第二部分　事实分析

第三部分　挽救经济的措施

附　录

第一部分

理论探讨

第一章　引言

什么是萧条？

萧条是指企业变得无利可图的一种状况，也可以被称作私人利润病(the private profits disease)。萧条所能产生的最坏结果是众多企业倒闭和大范围的失业。萧条出现时，几乎没有哪个企业可以独善其身。某些实力最为强大、管理最为完善的企业，例如铁路公司，所受的影响是最严重的。如果它们并没有因此而遭受实质性的削弱，那通常也只不过是得益于它们的储备。许多富有的股票持有者也被迫依靠储备过活；不少原本生活状况就很一般的人则变得仅能糊口度日；而那些原本仅能糊口度日的人则失去了工作，有些人依靠救济苟活，有些人则死掉了，还有些人成为窃贼。总之，萧条几乎是一种全体性的贫穷，对有些人来讲是相对的，对有些人来讲则是绝对的。尽管这种贫穷对于社会整体来讲是短暂的，但对于数不清的个体来讲，这种悲剧却会持续很长时间。

近期的图景

新英格兰的一位演说家曾经这样讲道：

“几个月之前，我们国家史无前例的繁荣景象还是人们津津乐道的话题。资源得到如此程度的开发，个人及公共财富如此迅猛地增长，企业精神如此完美地彰显，对于未来将取得无限成就的看似合理的信心如此地强大——这些都是过去从未有过的。然而，这一切繁荣的景象却戛然而止！那种信心——在当代，尤其是在我们这个国家，它是商业交往的基础——在每个部门都在逐渐丧失。整个国家的经济状况动荡不堪，一片混乱。有很多商人，由于他们的业务覆盖了很多地区，并且其全部业务都是以安全原则为基础的，因此他们从未担心过自己的生意会陷入困境，而此时他们却发现他们从买家那里收到的用来购买其产品的书面债务凭证、承兑票据或承诺失去了它们的价值；而其自身在履行合约时也是捉襟见肘，然后是不断接踵而至的损失，直到最后关闭工厂、解雇员工。而梦想着暴富的投机者则发现他们所幻想的富有顷刻间便烟消云散。”

★★★

“许多就在几天之前还回荡着机器轰鸣声的大型工厂，现在寂静得有如一座废弃的城市。众多人为之努力工作，期望以最快速度完工的许多公共改良工程都已经中断，处于未完工状态，就像打了无数胜仗的征服者突然被打败一样。贫穷就如同一个带着枪的士兵，正站在成千上万家庭的门口；而就在几天前，日用品行业还为人们每天的舒适生活提供着充足的商品。”

★★★

“在上帝的审判过程中还有什么会出现在我们面前？动荡？骚乱？流血的革命？我们现在无须去想象。我们只需知道这一灾难每个小时都在波及更广的范围，每个小时都变得更加严重，而且到目前为止无论从政治角度还是经济角度都还无法预见到它什么时候会结束。”

★★★

“处于当前的灾难之中，又有关于未来的这些不利的征兆，因此许多人就萧条产生的根源和应对萧条的措施进行探究和辩论是毫不奇怪的。”

对于 1932 年的大萧条来说，很难找到比上述文字更为真实的场景描述了。而这篇演讲则是由里弗兰德·伦纳德·培根（Revelend Leonard Bacon）发表于 95 年前，即 1837 年 5 月 21 日康涅狄格州纽黑文中心教堂的讲坛上！

萧条的神秘性

在另外几次萧条（如 1857 年、1873 年和 1893 年的萧条）发生时，也有人发表过类似的言论。然而，尽管萧条重复发生过多次，而且对萧条进行分析阐述的文献也有很多，但 1931 年一位银行家却说："这次萧条让我不知所措。"

萧条似乎喜欢以一种晴空霹雳的姿态降临。它不屑于选择一个地球正处于赤贫的时机到来。在萧条到来时，土地不够肥沃吗？绝对不是。缺少雨水吗？也不是。矿藏被开掘尽了吗？更不是。如果有人愿意买的话，它们还可以生产出更多的矿石。那么是不是有很多工厂都经营不善呢？不是，机器可能正处于最高负荷的运转之中。但是，人们似乎突然变得无法工作或不想工作了。然而成群的工人围攻每个就业中心的景象证明了这种判断只是无稽之谈。

而后，世界似乎突然变得人口过剩。但这种情况怎么可能在这么短的时间内就发生呢？当灾难发生的时候，似乎每样物品都多得足以保证每个人都可以得到一份（至少在美国是这样的）；每个人都想得到这些东西，每个人得到它们的愿望都足以让他们有动力去为之工作。然而，有些人却不能如愿，而许多能够如愿得到这些东西的人也只能满足于较少的水平。

有些人将这种个人贫穷的原因归结为集体的富有——并非人口过剩，而是"生产过剩"，即食品过多，其他东西也都过多。

本书后面的部分会有更多关于这一内容的介绍。在这里，我们仅需要指出的是，那些在萧条发生的初期叫嚷着"生产过剩"，期望生产过剩这种状况一旦消失经济就能复苏的人通常会大失所望，因为最终的结果往往是贫穷会蔓延至几乎全部人口。在 1932 年，如果有人认为仍然存在生产过剩，那么在他做出这样的判断之时应该仔细考虑如下这些问题："我怎么知道存在商品的生产过剩？因为用于销售的商品大于公众的需求。那么为什么公众不想买呢？因为他们手里没有钱。为什么他们会没钱呢？因为他们挣不到钱。为什么他们挣不到钱呢？因为他们没有从事生产：人和机器都处于闲置状态！”然而，如果问题是出在不生产上，为什么要叫它“生产过剩”呢？

这样来看，问题的症结很可能出在分配机制上。在生产者与消费者之间，肯定存在着一条鸿沟，需要一座桥梁将他们连接起来。但并非如此，此时此刻，哈得孙河（Hudson River）上有一座崭新的桥。有形的桥的数量非常充足，穿过这些桥的铁路情况也都非常好。至于轮船和运河，也都一如既往地配备精良，随时待命提供服务——只不过托运人变得寥寥无几。

然而，还存在另一种分配机制，它的名字叫货币。这种货币机制在抵御出现混乱方面相比于铁路和运河并没有过人之处。此外，利润是以货币的形式来衡量的。一旦货币出了问题，所有东西的利润以一种方式同时受到影响，这种情况不可能出现吗？

第二章 九个主要因素中的前三个

过度负债(第一个主要因素)

债务与货币机制关系密切。事实上,所谓货币市场实际上就是债务市场。我们日常所使用的零用钱,例如纸币,就体现为对其持有者的一种债务。银行支票在存款人看来代表着他"存在银行里的钱",实际上则代表着银行对存款人的一种负债,这样,存款人便可以开立他的支票账户,以备其向银行讨债。

无论对于生产还是分配来说,负债都是必要的。即使是在"正常"时期,也就是说在既不繁荣也不萧条的时期,实际上每个成年人也都处于负债之中——即使只是为上周的食品杂货而负债。那种将负债与典当行联系起来,并将债务人看成是不幸的受害者的古老观念显然是相当错误的,尤其是在当今世界。如今,真正的典型的债务人是那些机敏的商人和企业。每个企业的资产负债表里都有"负债"这一栏。

然而,对于个人、公司和社会整体来讲,债务是有着程度差异的。在不同情况下,债务可能过多,也可能微不足道。负债多少最为合适其实是一个在相互对立的考虑之间进行平衡的问题。每个人都要自行决定负债多少比较合适或者处于负债状态多久比较合适，就像他要决定储蓄多少、消费多少比较合适或将其收入的多少分配给穿衣、多少分配给吃饭一样。如同在其他经济调整中所发生的情况一样，在债务调整中，个人会在所谓“边缘处”停下负债的脚步，因为此时，他继续扩张债务的愿望会被其可能需要付出更多和承担更大风险的顾虑所抵消。在任何情况下，负债均衡点都会出现在相互对立的考虑达到平衡之时。

那么它们之间会在何时达到平衡呢？

机会与生活之间是不可分的。每个交易都是对机会的一次利用，而任何程度的负债都有可能成为过度负债，只要它过分地增大了破产的机会。任何一个人，只要不是赌徒，都会给自己设置一个安全边际。他会在他的债务与收账人之间留下一个缓冲区，这个缓冲区就是资产与债务之间的差额。企业将其称为资本和盈余(capital and surplus)。但这个缓冲区是否充分绝不仅仅是一个数量问题。它与负债的性质也密切相关。变现慢的资产与速动负债〔例如通知贷款(call loan)*〕就比速动资产和无须短期内偿还的负债需要更大的缓冲区。变现最快的资产，因此也是当压力来临时最安全的资产，就是现金。期限最短的负债，因此也是压力来

* 西方商业银行贷款的一种形式。是一种无固定期限，可由借贷任何一方随时通知清偿的一种贷款。通知贷款盛行于证券市场，借款人大多是交易所经纪人或证券购买人。通知贷款的利率较低，但须以证券或其他财产作为担保，如借款人无力偿还，银行有权处理担保品。通知贷款的性质属于短期拆借，对于银行来说，具有较大的流动性，但不利于借款人有计划地使用资金。所以，工商企业一般很少借用这种贷款。——译者注

临时最不安全的负债，就是通知贷款。过度负债其实主要是一个债务到期日的问题。因此，对资产与负债的整个结构必须要认真思考，不仅仅要考虑资本账户两边的比率以及流动资产与流动负债的比率，而且要考虑收入账户两边的比率、收入与资产的比率、收入与负债的比率、收入与资本和盈余的结平项（balancing item）的比率。资产负债表就是急于努力权衡这些项以及诸多其他方面考虑的结果。

过度负债的标准

银行在向不同类型的借款人发放信贷的过程中，必须要考虑流动性问题和抵押品的安全边际问题。信用调查人员、会计人员、房地产放贷人、经纪人、政府以及立法者，各个主体都有关于过度负债的判断标准。这些标准在某种程度上都只是大致的标准。尽管合理负债只是一个界定模糊的概念，但关于将负债额保持在一个既不轻率也不保守的水平上的历史情况和当前实践，却可以写成一本书。

那么相对于个体来讲，针对国家是否能够设计出一个较为确定的过度负债的标准呢？不论怎样，判断标准无非是国民收入与某些固定支出（如税收、租金和利息）的比率、收入与未清偿债务累计额的比率以及（在金本位制国家中）债务与银行发放贷款所基于的黄金储备之间的比率。正如低收入会让债务人遭受风险一样，黄金储备偏低也会危及债权银行，而这又会令他们向债务人施压。关于最后这两个标准，即国民收入和国家黄金储备，沃伦·F.希克内尔先生曾做过一些有趣的评论。① 他得出结论，在某个特定的时刻，未偿付银行贷款与投资总额不应该超过该国年收入的一半，而该国的黄金储备至少应该等于未偿付银行贷款与投资额的9%。一旦超过这些界限，就会使该国中过多的经济实体出现偿付困难。

这种设置全国性黄金缓冲区的做法很容易受到一种不利状况的影响，而无论是放款人还是借款人都很少考虑过这一状况，那就是黄金在国际间分配的不合理。这种不合理的分配可能是由国际债务（既包括公共债务也包括私人债务）的不均衡状况所导致的，也可能是由关税所导致的，因为关税会阻碍商品形式的国际支付，而强制进行黄金形式的国际支付。如果由于这些以及其他一些原因而将一国的大量黄金耗尽，那么该国的银行就会停止贷款业务，包括一些看上去足够保守的贷款。因此，债权银行一旦失去充足的黄金储备或者失去获得黄金的充足机会，原本的非过度负债便演化为过度负债。这样来看，一国（如美国）关税出人意料的提高会使另一国（如德国）对该国所欠下的债务变得不安全，而这正是因为债权人令债务人支付的难度增大所致。

过度负债的意思就是债务过多了，相对于其他经济因素来讲它的数量太大了。如果其仅仅是相对于一些不太重要的因素来讲有些过多，则可能不会造成什么大的影响。而当债务相对于所有因素——包括资产、收入、黄金和流动性（即资产的变现能力和负

① What Makes Stock Market Prices? By Warren F. Hickernell, Harper & Bros., 1932.

债清偿的紧迫程度）来讲都明显过多时，就会出现比较严重的混乱局面。

债务循环

现在，如果债务人或债权人中的一方或双方做出了错误的判断，那么会产生什么后果呢？首先让我们看看债务人的情况。如果他没有借入足够的债务，那么在正常条件下，他可以通过再多借入一些来纠正他的错误。但如果他借入了过多的债务，尤其是如果他对债务的到期日没有把握好的话，那么这时的他便会捉襟见肘。他会感觉到自己有如掉入了一个陷阱一般。如果他在债务到期之时无法偿还，他会尽量推迟偿还的时间。政府和企业通常会偿还一些快要到期的短期债务从而换取其他债务偿还时间的推迟。然而，这种方法并非总是可行的，如果对于债务的无力偿付已经威胁到了债务人，那么债权人就会逼迫债务人还债，从而令局面更加困难。

当然，无论是个人还是国家，过度负债的状况最终都会消除，有些时候会伴随着个人的破产或企业的倒闭，有些时候则不会出现这样的情况。但有时，进行破产清算以及伴随着破产清算而给人们带来的心理阴影相对于恢复正常的债务状况来说，会对这个国家产生更多的影响。那些由于过度负债而损失惨重的债务人和那些由于过度放贷而损失惨重的债权人——尤其是当这两个群体占据了这个国家人口的大多数时——会变得过分谨慎，从而导致人们对于借贷行为的过分抵触。而后，这种局面可能会逐渐扭转过来，谨慎的情绪又会被人们抛在脑后，过度负债又会重新盛行起来。但这次或许不会再像第一次那样严重。这种过度负债与过分谨慎循环反复的状态可能会永无止境地持续下去，这便构成了一个债务循环；但是，除非有外部力量的介入，否则每次循环的幅度都会较上次而变小。

九个主要因素

然而，这并非债务膨胀与收缩的全部情况。如果是的话，就不会有人考虑写一整本书来讨论这个问题了。但债务的循环趋势恰巧是承载着经济生活中的灾难的至少九个主要循环趋势（cycle tendency）中的始作俑者。我将这九个循环列在了下面，在考虑这些因素向好的方向发展所产生的结果之前，我们先来讨论一下其恶化从而导致萧条的作用机理。因为我们的首要任务就是研究债务结构一旦确立起来，它如何使经济陷入低迷以及会对我们产生怎样的影响。

下面所列的就是我们刚刚提到的九个因素：

1.债务因素

2.货币数量因素

3.价格水平因素

4.净值因素

5.利润因素

6.生产因素

7.心理因素

8.货币周转率因素

9.利率因素

其中,前三个因素(债务、货币数量和价格水平)导致萧条的趋势是紧密联系在一起的,而使它们联系在一起的关键便是廉价销售(distress-selling)。

廉价销售

无论是单纯由绝对数量而引发的过度负债,还是因到期日迫在眉睫而引发的过度负债,当它们被察觉时,人们通常都会采取一些措施来纠正这种状况,廉价销售就是非常常见的措施之一。所谓廉价销售是指,为了保护债权人的利益,债务人的某些财产要被变卖掉,包括他所持有的股票、债券、农场以及他所拥有的其他任何资产。债务人可以自行选择通过变卖他的一部分财产以便于清偿,即使他并没有为他的债务进行过任何财产抵押;也可以选择让他的银行或经纪人将其抵押品变卖;此外,抵押权人也可以取消其抵押品的赎回权;最后,债务人还可以选择进入破产程序,破产管理人(trustee in bankruptcy)随后可以将债务人的资产以拍卖的方式处理掉。简而言之,债务人成为廉价销售的受害者,这可能是他们自愿的行为,也可能是在债权人的要求下被迫所为。

廉价销售会扰乱供求规律的正常运行。通常情况下,销售行为得以实现是因为供求双方达成了一个对卖方有吸引力的价格;但当卖方被迫进行廉价销售时,销售行为的达成完全是出于相反的原因:促成销售的并不是高价的吸引力,而是低价的强制性。无力清偿债务的风险或实际情况是廉价销售中最重要的考虑因素。

当整个国家都陷入一种廉价销售的状态时，所造成的结果就是该国的价格总水平被拉低。

货币数量（第二个主要因素）

市场中的卖方所表现出的对于达成交易的过度渴望看上去似乎足以解释为什么说廉价销售会拉低价格水平；但它并非最根本的影响。事实上，卖方所丧失的消费能力基本上由买方所获得，而消费能力正是支撑价格的重要因素。但廉价销售过程中所出现的人们竞相清偿债务的局面实际上会收缩货币（即存款货币）的数量，从而对价格水平产生一种根本的影响。

存款是支票簿存根的余额，即人们在银行中所拥有的可以通过支票所转移的"钱"。通常，存款人存在银行的既不是金银，也不是其他形式的货币，而仅仅是他的存托凭证。这样，他便可以实现他向银行欠下的债务与银行向他欠下的债务之间的交易。而他可以得到某种可以流通的东西。他自己的凭证不可以流通，但银行给他的存款债务凭证是可以流通的。凭借于此，他可以开具支票，而这些支票在他自己的商业圈子内几乎如同法定货币一样被普遍接受。简而言之，他将自己的非流通债权转换成了银行的流通债权。新"钱"由此而被创造出来，但创造者不是铸币厂，也不是印钞局，而仅仅是银行与其客户的钢笔和墨水。但当银行客户支付其银行票据时，他相当于做了一个反向交易。也就是说，他将等量的流通债权注销了。从这个角度来讲，一家企业向一家商业银行偿还债务所带来的结果与个人之间偿还债务所带来的结果是不同的。个人之间债务的偿还不会影响流通中的货币量，因此不管用什么货币来偿还债务，法定货币也好，通过支票来转账的存款货币也好，这笔钱都会被另外一个人收到，因此仍然处于流通之中。但当向一家商业银行欠下的一项债务是由存款余额不足的支票来偿还时，同样数量的存款货币就消失了。

这样来看，在银行偿还债务通常会使流通中的货币发生紧缩。但在正常时期，这种状况会被一种相反的趋势所抵消。因为一般情况下，随着银行的某些债务人还清他们的债务，被注销的那些货币会被一些新存款人所获得的新贷款所取代。然而，过度负债通常都会导致人们竞相清偿债务，而新的贷款数额绝对不足以使货币的存量回复到原来的那种平衡的局面，因此存款或“信用货币”的萎缩几乎是必然的。

在这一收缩信用货币的过程中，唯一一类直接涉及的债务便是商业银行贷款。然而，其他债务可能会加剧这一紧缩过程。比如，某人可能欠下的银行债务很少，但在其他领域却欠下了很多债务，为了减少债务总额，他会选择还清他欠下的银行债务。再比如，一个债务人根本没有任何银行债务，但在国外却有很多欠债，他在银行可能会有一笔存款，比如说 1,000 美元，他会以黄金的形式将这笔存款提出来用于偿还其在国外的欠债。他这样做时，便剥夺了银行利用他这 1,000 美元发行信用货币的合法权利，而这 1,000 美元所能创造的信用货币是远超过其本身的数量的。

这种通过从银行提取现金所造成的紧缩可能是一种大规模的紧缩，尤其是当债务人也是一家银行或一家储蓄银行时——它们为了应付存款的挤兑行为需要补充自己的现金，包括金银和纸币，因此可能会从其他银行提现。就连公共债务（包括城市债务、州债务和国家债务）也会通过向那些已经债务缠身的民众所施加的税收压力而对存款货币产生一种紧缩效应。由于这种压力肯定是分散在众多人身上的，因此相对于公共债务的巨大规模而言，其所产生的效应并不大，但这种压力却是持续存在的，而且经常会通过各种途径显现出来，可能采取上面提到的那些方式，也可能采取欠税财产拍卖（tax-sales）的方式——这种方式具有廉价销售通常会产生的全部效应。

信用货币被记录于审计署（Comptroller's Office）的统计数据中，其标题为“凭无须事先通知的支票而支取的个人存款”。它一旦发生紧缩，则意义重大，因为至少在美国，信用货币是20世纪最重要的货币。全国90%的业务都是通过信用货币来实现的，当它发生紧缩时，价格总水平就会下降，因为资金少了，购买行为也就变少了。①

价格水平（第三个主要因素）

这样来看，最重要的流通媒介的数量与债务的数量，尤其是所欠银行债务的数量（最重要的一种债务）密切相关。因此这种债务量的一个突然变化就会导致货币数量的变化，继而引发价格总水

① 这与很多著名的原理都是一致的。可参见 *The Purchasing Power of Money*, by Irving Fisher (MacMillan, New York, 1931)。

平的变化。正如所有权威机构都认同的那样，货币数量的增长至少在一定程度上会提高价格水平；而货币数量的减少则会降低价格水平。我们现在要思考的问题是，变动的价格水平会以一种怎样的方式改变所有未清偿债务的繁重程度——换种说法就是实际债务（与名义债务或货币债务相区别）的水平。

“实际”债务

今天，不了解名义工资或货币工资与“实际”工资之间区别的人已经很少了。如果货币工资保持不变而生活成本上升的话，那么我们所有人都会承认，我们的实际工资下降了；而如果货币工资保持不变而生活成本下降的话，我们的实际工资就会上涨。我们知道货币工资上涨而实际工资下降的情况是可能发生的，就像德国一战*后的通胀时期那样。因为实际工资是货币工资所能购买的商品的预算，所以只有把货币工资转化成实际工资，才能说明一个国家真实的经济状况。

同样的原理也适用于债务。尽管一笔债务可以用同等数目的货币美元来偿还，然而当价格下降时，这些美元会耗费债务人更多的商品。为了赚取这些美元，他必须卖出更多的商品。换句话说，当价格水平下降时，每一美元实际上所代表的价值都更大。

举个例子。假设一位农夫在小麦价格为 1.00 美元/蒲式耳时

* 原文为“war”。本书著于 1932 年，而第一次世界大战爆发于 1914 年，第二次世界大战爆发于 1939 年，因此书中提到的“war”、“world war”等均指第一次世界大战。为了读者阅读方便起见，本译文亦将相关词直接译为“一战”。——译者注

欠下一笔债务,然后当价格变为 50 美分/蒲式耳偿还。显然,对他来说,以小麦来表示的美元的价值翻了一倍,他必须用两倍的小麦来偿还他每一美元的债务。也就是说,当小麦的价格变为原来的一半时,该农夫的实际债务翻了一倍。同样,当价格总水平变为原来的一半时,人均的实际债务水平也会翻一倍。

然而,这只是债务人窘境的一个方面。从另一方面看,首先,他的商品只能换来相较以前更少的美元(而他们所欠下的美元数额却没有变);其次,他所持有的证券也会因为美元价值的提高而在市场上出现价格下跌,因此在其债权人眼中这些证券的价值也会降低。债权人并没有意识到他收到了比他有权收到的数额更大的数额,而债务人也没有意识到他偿还了比他所欠下的数额更大的数额。一方得利而另一方受损——但双方都会受到我们即将要讨论的货币幻觉的不利影响。

货　币　幻　觉

很少有人从他们自己的角度对货币进行解读,因为大多数人只是从货币的角度来看待货币,从不对其有任何质疑,认为一美元总是一美元。由于我们衡量其他任何东西的价值都是用美元,因此我们从未真正想过衡量美元本身的价值。例如,很少有人意识到,相比于 1929 年大萧条发生前的美元,1932 年大萧条时期的美元实际上是 $1\frac{2}{3}$ 美元;而能够意识到这一事实的重大意义的人就少之更少。

一单位货币的真正含义是这一单位货币可以买到的商品。经济学家喜欢用商品来衡量美元的价值，而不是用美元来衡量商品的价值。这里的商品并不是指任何一件具体的商品，例如面包，而是商品（例如食品、衣物和布料、家具和房屋、建筑材料、服务和娱乐等）的总体预算（general budget）。当只有面包的价格发生改变时，这很可能是因为小麦的质量或产量发生了某些变化，而不是因为美元发生了变化。但当1,000种商品的价格同时发生变化并且都是朝着同一个方向发生变化，或者大体上是朝着同一个方向变化时，一般来讲，我们就有理由说美元已经朝着相反的方向发生了变化。

然而，货币幻觉①却会让我们一直认为，美元是没有变化的，而发生变化的是其他东西。这种货币幻觉就好比火车上的一位乘客看到外面的物体都好像是从他身边飞驰过去一样。再打个比方就是日出和日落，让人感觉地球好像是固定的，而太阳则是每天绕着地球转一圈。所以，当价格发生变动时，我们忘记了起决定作用的货币，而将这种变动归因于某些外部因素，如商品、商人、消费者、生产者、土地的贫瘠——可以说是除货币价值外的任何东西。

战后德国的货币为我们提供了一个很好的例子。身处美国的我们是用美元来衡量每件东西的价值，因此我们说马克贬值了。但身处德国的德国人则是用马克来衡量每件东西的价值，他们会说美元升值了。1922年，我去德国进行了考察，特地不辞辛苦地

① 参见 *The Money Illusion*, by Irving Fisher（The Adelphi Company, New York, 1928）。

从一些民众那里了解了他们对于飞涨的物价所做出的错误解读。他们基本上把物价的飞涨归因于以下几个因素：某些商品自身出了一些问题、战争后遗症、协约国的封锁、新德国政府的浪费行为，等等。几乎是找遍了所有原因，唯独忽视了最重要的一个，那就是德国政府为了偿还它的债务并支付其他的一些开销而发行了大量新的纸币。

然而，这并不是说德国人比其他国家的民众更容易出现货币幻觉。大约30年以前，当时的英格兰采用的是金本位制，而印度采用的是银本位制，基廷将军(General Keating)在与一位印度商人的谈话中提到了那段时间银制卢比价值的下跌。这位商人听后非常困惑。他说尽管他在印度各地都有代理商，但他从未听说过卢比价值下跌这回事。停顿了一会儿，他继续说道："但我的代理商们却向我提及了英国货币的升值问题。可能你指的就是这个吧。"

有时，一笔交易的双方(即便一方是美国人)同样也会受到误导。战前，一位美国妇女在德国欠下一笔抵押贷款。战争结束后，她去德国的银行打算偿还这笔钱，她认为应该支付7,000美元。银行却告诉她说："这笔债务是以马克记账的，而不是以美元记账的——它应该是28,000马克；按目前的汇率来算，大约是250美元。"

"哦，我不想占马克下跌的便宜，我还是想支付全额的7,000美元。"从马克的角度来考虑问题的银行无法理解这位女士的想法。实际上，这位公正无私的美国妇女只看到了问题的一半，说到底她还是"欺骗"了她的债权人，因为在此时，即使是美元的价值其实也降低了。如果真要按照她当时借入的购买力来全额偿还的话，这位女士应该偿还的不止 7,000 美元，而是 12,000 美元。然而，如果这家德国银行了解到这一点并向这位女士表明，那么这位女士对于这一“不公平”观点的愤怒毫无疑问会超过银行接到 28 倍于他们认为他们应该得到的债款时所表现出的震惊。

黄金与信贷

如果换成是黄金制成的货币，我们就更容易被欺骗了。人们普遍认为黄金说到底还是非常稳定的，这种对黄金的尊崇其实是祖先崇拜的一种形式。货币是由原始人在不经意间发明的，而现代人一直视此为理所当然。货币虽然出现了一定程度的进化，但有意识的发明创造几乎没有。在货币的进化过程中第一个重大的变化就是人们无意识地一次又一次地尝试使用新的货币材料——牛、贝壳、白银、黄金。而最终黄金能够得到广泛的应用，并不是因为其购买力的稳定性，而仅仅是因为其物理形态上的便利性。人们很少考虑购买力稳定性的问题，直到另外某种东西的出现提供了一种对比——这便是纸币。黄金不会像纸币那样很容易就出现膨胀，但黄金也绝不是稳定的。黄金采自矿中，其产量的多少取决于矿主的意愿和发现金矿的偶然性；如果十多个新的金矿一起全部开采的话，那么大量黄金流入经济中将会降低每一单位金元(gold dollar)及可用黄金来兑换的每一单位纸币美元的购买力。而这种情况曾间或出现过，对价格水平造成了严重的影响。

而且，黄金目前变得非常依赖纸币和支票，这与我们的想象恰恰相反。现代人在发明了支票系统时，并没有想到可以用支票来支取的存款竟然可以被当成货币来使用。但实际上，它们确实是货币，并且在很大程度上决定了黄金的购买力。一单位金元、一单位美元支票及一单位纸币美元，只要它们相互间是可以兑换的，就一定具有相同的购买力；但这种购买力取决于所有因素的影响，而不是只取决于黄金。支票和存款为经济带来了巨大的货币量，使得它们对于黄金购买力的总体影响要远远大于黄金对于支票所产生的影响——尽管除经济学家以外很少有人意识到这一点。而且出于同样的原因，存款货币的不稳定会比黄金供给的严重不稳定对价格水平产生更为巨大的影响。

目前为止我们所提及的价格水平的脱离正轨都是有关通货膨胀的。但对于理解萧条来说最为关键的是通货紧缩，而通货紧缩同样也是无声无息地悄然而至的。1932 年谈论着低物价而不是美元升值的美国人与 1922 年谈论着高物价而不是马克贬值的德国人一样感到困惑不解。那么如何能辨识出什么时候美元在偷偷摸摸地耍它的两个小把戏——贬值或升值呢？现在，到了我们该知道答案的时候了。

指　数

现在有一种统计测量方法应该可以有助于我们消除货币幻觉。这种测量方法就是价格“指数”。它的功能是测量价格的平均百分比变化，即价格总水平或总体价格尺度（general scale of prices)的变化。①

这种测量方法应该可以让我们明白价格尺度与单个商品价格的区别。价格尺度(或价格总水平)同一幅画或一个雕像的比例尺相类似。例如,我们在谈论亚伯拉罕·林肯的雕像时,我们说他的右腿太长,其实是说相对于另外一条腿、两只胳膊或上身来说,它太长了,而并不是说雕像作为一个整体其体形超过了真人。同样,我们也要将某件商品相对于其他商品价格较高与价格总水平高区分开来。供求法则调节着各种商品相对于彼此的价格,但货币可以看作是供与求所处的一种生存环境;如果价格的整体尺度发生了变化,那通常都是因为这种环境发生了改变。

我们也可以把货币想象成一块可更换的透镜,通过它我们可以看到价格的变化。这块透镜可以让所有商品的价格同时全部发生改变,而且可以在不影响供求关系对于单个商品所产生的作用的条件下将所有商品价格放大。因此,指数的作用就是展现价格的整体变化与单个商品价格的变化之间的区别。

价格水平的变化与美元价值的变化是成反比的。例如,如果新的价格水平是过去价格水平的两倍,那么新美元的价值就是过

① 当然,指数有很多种,它们的区别在于取平均值的方法不同(可以是算术平均、几何平均、综合平均、加权平均或简单平均)、针对领域的不同(可以是股票价格指数或商品价格指数,后者还可以分为批发价格指数、零售价格指数、价格总指数)以及代表这一领域的样本构成的不同(可以是100种商品,也可以500种商品;可以基本上都是食品和农产品,也可以不是这样)。最为完善的指数是美国劳工统计局(United States Bureau of Labor Statistics)的批发价格指数,它的样本选取了784种商品,根据这些商品在经济中的重要性赋予其权重,用综合方法进行平均计算而得到结果。要想讨论这些差异尤其是公式的问题,参见 *The Making of Index Numbers*, by Irving Fisher (Houghton, Miffline & Co., 1927)。

去美元价值的一半，或者说新美元的购买力降低了50%。没有什么比战后德国最严重的通货膨胀时期其宾馆业的情况可以作为对此更好的注解了。当时，德国的宾馆里都提供一种所谓的乘数，通过它，每位客人可以把他们费用账单上所显示的价格进行转换。[①]例如，如果客人发现他的晚餐账单上的标价是6马克，它的房间的标价是9马克，那么在他为这些消费埋单时，他都必须用这些标价去乘以这个乘数。这个乘数便是代表着价格水平或价格尺度的系数或指数，它每天都会发生变化，随着马克价值的下降而提高。无论是从晚餐所消耗的劳动力来看，还是从晚餐相对于房间的价格来看，该乘数都与晚餐的实际价格毫无关系。其数值是100,000也好，1,000,000也好，对这些关系都没有影响，只是将晚餐和房间的价格从600,000和900,000变成了6,000,000和9,000,000。乘数或指数的使用省去了在价格水平变动迅速的时期需要频繁打印标价的麻烦。

由于几乎没有人能将一种商品的价格与价格水平或价格尺度区分开来，这就造成了人们头脑中对于本书所探讨的主题的一种混乱。大多数经济学方面的演讲和著作都体现了这种混乱，还包括一些记者、官员、商人、银行家甚至一些拥有经济学家的头衔，但由于某些原因还没有把供给和需求与“交易方程(equation of exchange)”区分开的人所发表的公告或声明。[②]价格水平的概念、它的指数测量法以及它的倒数，即美元的购买力，都是我们理

① 参见 *The Money Illusion*, by Irving Fisher (The Adelphi Co., 1928), pp.48-9。

② 参见 *The Purchasing Power of Money*, by Irving Fisher (MacMillan, 1931)。

解 1932 年所发生的情形的先决条件。

恶性螺旋式下降

有人说，价格水平的变动或“美元的实际价值(real dollar)”的调整(或许现在我们更愿意采用这种说法)会对债务状况产生作用，而正是债务状况首先引起了这种调整。当整个国家都处于过度负债的状况中时，美元会以这样一种方式做出反应，即清偿行为有时可能会扩大实际债务水平而不是使它们减少！当然，从名义上看，任何清偿行为一定会降低债务水平，但实际上(通过提高每一美元的价值)它会令国内每笔债务的未偿付余额增加，因为将要支付的美元在数量上的增速可能会快于欠下的美元债务减少的速度。当这一过程开始后，它可能会一直持续下去，形成一种恶性循环。首先，由于一些经济实力较弱的债务人的大规模偿付会使整个国家的货币升值，因此这削弱了一些实力较强的债务人的经济地位；于是，他们中的许多人也赶快进行清偿，这使得货币进一步升值，直到削弱了实力更强的债务人的经济地位；因此，这些人也依次去清偿债务，从而继续推动货币升值并继续削弱其他债务人的经济地位。这样便形成了一个恶性循环，或者更准确地说，一种恶性螺旋式的下降——旋尾降落(tail spin)，直至使经济陷入萧条。

两 个 悖 论

当一些经济实力较弱、冲动或没有远见的债务人(或他们的债权人)启动了这一恶性循环后,我们就不能再因其他人通过进一步的清偿行为将这一循环继续下去而责备他们,即便是每一次的清偿都会使坏的局面变得更糟。大规模的清偿行为一旦开始,那些不参与其中的人便会发现自己的境况会变得更糟。因为即便他置身事外,他的众多邻居们还是会清偿同样数量的债务,这会使货币价值升高,从而使他的整体债务水平提高而不只是增加其中一部分债务的负担。

同样的原则也适用于作为债权人的银行。当一家银行要求债务人清偿借款时,它只是会对信用货币的紧缩起到一些推动作用;但当其他银行都感到了恐慌而要求债务人还债时,则肯定会发生通货紧缩;而如果某家银行不参与其中的话,那么在它向它的债务人催讨债款前,它的债务人很可能都已经破产了。总而言之,银行也会被迫参与到这场对于现金或"流动性"的残酷竞争中去。

关键的秘密

当负债多得超过了一定的限度以至于其所导致的大规模清偿行为会引发一场危机时,我们得到了一个看似矛盾但却可能正确的观点,我认为它可以解释萧条——至少是某些萧条的所谓神秘之处。用货币价值的提高会增加每个债务人的负担来表达这个观点稍显不足,更准确的表述方式是,货币价值的提高可能(有时确实如此)不仅会让未清偿的实际债务量增加,而且其增加速度会快于债务数量减少的速度。当这种情况发生时,清偿行为并没有真正实现清偿,因此萧条会持续,直到足够多的人破产从而令萧条产生的原因——债务完全消失时为止。

总 结

到目前为止，我们已经从引致萧条的角度，谈及了我们的九大经济因素中三个的循环趋势。

1. 债务(它们的清偿)

2. 货币数量(它的紧缩)

3. 货币(它的升值——通常从价格水平降低的角度来考察)。

在上述三个容易引致萧条的循环趋势中，第二个(货币紧缩)只是在充当另外两个过程之间的起连接作用的过程时，才具有重要意义，而另外两个循环趋势应该被称作债务病(太多的债务)和货币病(升值的货币)。

大萧条产生的主要秘密就在于货币病——下降的价格水平，这一点已经得到了韦斯利·克莱尔·米切尔(Wesley Clair Mitchell)教授和索普(Thorp)博士的证实，他们的观点大体上是这样的：当价格水平下降时，萧条持续的时间会延长两到三倍；而当运气比较好，某些旨在提升价格水平的干预措施存在时，萧条持续的时间则会非常短。

货币病是可以避免的

虽然债务病可能导致货币病，但这并不意味着一定会这样。只有“在其他条件都不变”的情况下，货币病才是不可避免的。如果其他因素没有保持不变，例如，如果金币恰恰在此时数量大增，那么黄金的膨胀可能会对信用的紧缩起到抵消的作用。价格可能非但不会下降反而会上涨；也就是说，货币可能非但没有升值，反而还贬值了。纸币的膨胀也可能产生同样的结果，例如，当为战争筹措资金之时。

同样，我们也应当清楚，通货紧缩或货币升值并不是一种带有特别指示要给人类制造困难的“上帝的行为”。我们无须等待一场愉快的偶然事件来化解紧缩。我们自己可以通过精心的策划来打败它。人类拥有或者说本就应该拥有对自己的货币的控制能力。

施加这种控制旨在抵消那种容易造成美元升值的状况，当然，这种控制无法让连锁反应链条中最初采取行动的那些不顾后果的债务人躲避他们自身的冲动行为所导致的后果，但他们受到的惩罚将由他们各自的债务性质所决定，因此这种惩罚主要限于其本人，或许会将他的一小圈合伙人也牵扯进来。其余的人则不会受到货币价值变化的影响。就算是冲动的债务人，他也有权以合同中约定的钱数来支付他的债务。因为他是不计后果的债务人，就要求他为他所欠下的 1 美元支付 1.5 美元或 2 美元，显然是不公平的。“实际工资”这一术语中所隐含的公正原则不只适用于挣工资的人，也同样适用于债务人。

总之，如果债务病是不可避免的，那么我们干吗还要再染上货币病呢？如果我们感冒了，为什么要让它发展成肺炎呢？

第三章　其余六个主要因素

净值(第四个主要因素)

假设在货币病发生之前并没有什么偶然事件的发生,人们也没有实施货币控制,那么让我们通过这一系列的经济因素来追踪其进一步的后果。在这些因素中,我们到目前为止只讨论了其中的三个:

1.债务——它们的清偿

2.货币数量——它的紧缩

3.货币——它的升值(通常从价格水平下降的角度来考察)

第四个因素是净值。

价格的下降减少了一个商人所拥有的资产的货币价值(不包括现金和别人欠他的债务),然而他的负债,即债务,却保持"不变"。因此,他的净值——资产与负债的差额——必然会缩水。实际上,它缩水的速度要快于资产缩水的速度,因为净值要小于资产的数值,但却要承担全部的损失。净值要受到资产和负债的共同挤压,它经常会变为负值,从而令其所有者资不抵债。

利润(第五个主要因素)

同净值一样,利润也受到两方面因素的挤压。利润是收入与支出之间的差额,其中收入随价格的下降而减少,而支出,即使不是固定不变的,其对于通货膨胀的反应也不像价格那么敏感。这些相对坚挺的支出包括利息、税收、租金、薪金以及工资(坚挺程度稍次)。支出越是坚挺,其所造成的紧缩就越严重。[①] 因此,利润就减少了,[②]通常还会演变为亏损——就如同净值减少有时会演变为资不抵债和破产一样。

萧条可以被定义为净值或利润的缩水。

由此,我们的清单扩充为:

1.债务的清偿

2.货币数量的减少

3.货币的升值

4.净值的减少(有时演变为资不抵债)

5.利润的减少(有时演变为亏损)

但是,这里我要再一次指出,如果价格水平的下降被事先阻止了的话,那么净值和利润的下降基本上也可以预防。

---

① 由此可得出结论,现代企业尤其会感受到紧缩的痛苦,因为其管理费用和固定支出占了很大的比例。如果商业组织继续保持它们较多的固定支出、较少的经营费用的这种倾向(这种情况似乎非常可能),那么它们的利润对于价格水平的变动将会越来越敏感。

② 当通过各种干预措施、技术上的改进以及优化的科学管理使得支出也大幅减少时,这种效应可能会减轻或避免。

生产、贸易和就业(第六个主要因素)

在一个资本主义体系或私人利润体系中,通常由企业主来决定以什么样的速度来经营他的企业。因此,利润的变动或利润预期的变动会导致商人改变其企业的常规经营策略。

当其利润被挤压得太薄而让人产生担忧之时,他自然会削减生产,解雇一些员工,这样就会使该国的总产出、贸易额和就业水平出现大幅度的下滑。

也就是说,当前的产出是随着当前的利润的变化而变化的。

因此,货币数量的减少会通过降低价格及由此导致的利润下滑而造成产出的减少。

有一种特殊种类的生产,那就是建造活动(construction),或称新设备(比如用于提高当前产能的建筑物或机器)的生产。建造活动要比普通的生产或当前的产出对于净利润的变化敏感得多。建造活动的规模在现有设备即将达到最大负荷或临近高度紧张状况之时增长最为迅猛。然而,它的启动并不比它的停止来得更为突然。就在新设备建造热的时期,几乎是一有麻烦将至的迹象,新的建造活动就会突然停止。它的下滑要比产出的下滑更早更快。事实上,建造活动的减少或停止会造成利润、就业等指标的大幅下滑,它所起的作用就如同一个放大器一样。

这组因素(生产、贸易和就业)的失衡所产生的后果涵盖了商业萧条的大部分明显的和为人们所普遍知晓的征兆。实际上,这种情况经常被称作贸易衰退。

我们的清单再一次得到了扩充：

1.清偿

2.货币数量的减少

3.货币的升值

4.净值的减少

5.利润的减少

6.生产(尤其是设备生产)的削减，同时伴有贸易额的减少和就业水平的降低

但我要再次特别指出：如果价格下跌(货币病)被事先阻止，从而使得净值和利润的减少现象基本上不会发生的话，那么生产、贸易和就业的下滑在很大程度上同样也是可以避免的。

顺便提一句，或许我们还应该注意，货币数量的减少也会通过降低购买力而减少对商品的需求，这样，供给和需求会一起萎缩。也就是说，货币紧缩不仅会通过上述步骤对生产和贸易产生间接影响，还会通过减少购买商品所需要的资金的方式对其产生直接影响。即使没有出现价格的下降，这种效应(因素 2 对因素 6 所产生的效应)也会被感受到；实际上，它还更大些。另外，失业也意味着购买力的降低。

乐观与悲观(第七个主要因素)

目前为止我们所提及的所有向坏发展，特别是净值、利润和就业水平的向坏发展，都会产生心理上的影响。我们已经看到，缩水的净值会导致廉价销售，但廉价销售就意味着经济窘境。此时，一

些行事谨慎的商人，由于深陷债务之中、被迫进行破产清算，可能会感到心灰意冷，甚至会自杀。当利润水平只是发生下滑时，也会产生经济窘境，但此时，未来的前景仍有向好的希望。

然而，那些算计净值和利润的人同那些就业受到经济萧条影响的人相比只是一个很小的阶层；而且，对于雇员阶层来讲，就业和失业可以说是一个关乎他们生与死的重大问题。因此，萧条是以一种特殊的力量影响着这一阶层的心态的。

当然，有些人的收入是与总的趋势相反的。也就是说，某些债券持有人和工薪族拥有安全、固定的货币收入；无论什么时候价格下跌，这些收入都会买到更多的商品。从实际收入的角度来讲，他们的财产状况其实是改善了。但这些人中的大多数也会像其他人那样有一种恐惧感。事实上，他们恰恰是最不愿意冒险的人，因此，一般的条件发生改变都会令他们感到不安。他们会担心他们的收入最终是否安全无虞。实际上，他们看到他们这一阶层中的一些人要么失去了工作，要么由于他们所幻想的能为其带来安全收入的企业的倒闭而破产。总之，在经济萧条的环境下，悲观其实是一种普遍现象。

这种心理活动也不只涉及情感方面的因素，在一定程度上它也同智力有关，因为它牵涉到幻觉和错误判断。在萧条时期，许多人原来所具有的冷静判断力丧失了，取而代之的是对“艰难时期”的程度及其所造成的破坏力的过高估计。我们的估计基本上就是猜测，猜测别人会怎么做、怎么想，他们会买进或卖出些什么、数量是多少，这其中就有大众心理学的元素。每个人的看法基本上都是受其他人看法的引导的；就连那些有着最冷静头脑的人至少也会“因为其他人的忧虑而感到忧虑”，他们会助长恐慌情绪的滋生，而人们的忧虑正是恐慌的一个组成部分。

现在，我们的清单包括以下项目：

1. 清偿

2. 货币数量的减少

3. 货币的升值

4. 净值的减少

5. 利润的减少

6. 生产的削减

7. 悲观情绪的加重和信心的丧失

但在这里还要再次指出，如果破产和失业能够被事先阻止的话，那么悲观的情绪和信心的丧失也可以避免。

流通速度（第八个主要因素）

到目前为止，针对通货紧缩这个主题，我们仅仅考虑了货币（指存款货币）数量的减少。但现在，在探讨完悲观这一因素后我们来到了货币减速这个问题上。因为在廉价清偿行为减少了存款数量的同时，伴随着廉价销售而来的信心的丧失会使所有货币（包括银行存款）的流通速度放缓，因为惊慌的人们会倾向于持有货币更长一点时间，而他们花费货币（各种形式的）的速度会变慢一些。

这里要再次指出的是，各种债务在降低货币周转率方面都有其效果（包括公债，它会借助于税收的压力而达到这种效果），因为各类债务人（包括纳税人）都特别谨慎，特别容易产生担忧情绪。

就连廉价销售中的买方，虽然他会获得卖方所失去的购买力，但他仍会很谨慎，并会延迟他的购买行为，多持有货币一段时间。

货币数量的减少和周转率的下降共同促成了充分的通货紧缩。举例来说，假设在货币数量减少 50% 的基础上，其流通速度也减慢了 50%。这意味着只有一半数量的货币在以一半的速度流动着。因此，货币作为一个整体将只会做先前 1/4 的工作。要么价格降低 3/4，要么贸易额减少 3/4，要么则是贸易额和价格都下降一定的幅度。而通常情况都是贸易额和价格的双双下降。

没有一件事情会像股票市场崩盘一样能把货币数量的减少同货币流通速度的降低这样“完美”地结合起来。股市崩盘会在出其不意之间让大量的信用货币化为乌有；同时，它也会唤醒人的本性中谨慎的一面，使其比以往任何时候都更会紧紧地抓住现有的各种形式的货币不放。股市崩盘的这两种后果（货币数量的减少和流通速度的降低）结合起来，便造就了一次通货紧缩，它会使该国大部分的现金灭失。股市崩盘本身就已经是一件非常糟糕的事情了，但其影响还不仅仅局限于此。由于商品的价格要以货币的形式表现出来，因此通过其对货币所产生的双重效应，股市崩盘会让商品价格发生与股票价格一样的下跌——速度会慢些，但对于经济结构的基础所造成的危害更大。最终，类似于恐慌这类状况会出现在商品市场中。

囤积，流通速度的降低

货币的囤积是货币流通速度降低的一种极端形式。它是经济萧条时期民众情绪的一种重要体现。这时，家族主妇和养活她们的男人对除钱以外的任何东西都不感兴趣。他们把钞票和硬币或藏进长筒袜和被褥里，或埋在地下，或存在寄存品保管库（safety deposit vault）里（更多的是这种情况）。信用存款（credit deposit）可能也被囤积起来。那些将信用存款视为安全资产的银行持有大量这种存款，但这些存款却处于闲置状态。基于现金存款所开立的支票账户，经常会被改成定期存款，因为它可以产生比支票账户更多的利息。最后，如果某些原因的存在让人们对银行的偿付能力产生了某种担忧情绪，那么银行就会遭受挤兑；当人们把钱从银行取走后，会把它们放在家里藏起来。

我们需要清楚的一点是，囤积货币的现象一旦出现，就会成为恶性循环中的一个重要因素，不管有没有过度负债的情况，它都可以持续下去。囤积货币的行为降低了价格水平。价格水平的下降对企业（无论有没有负债）构成了伤害；而受到伤害的企业对经济形势的担忧度会提高，这种担忧又会加剧囤积货币的行为。

另外两个悖论——针对囤积行为的

我们已经看到了，债务人和他们的债权银行是怎样通过让事态朝着对他们自身更为有利的方向发展，而使得形势对他们整体来说却变得更糟的，这与大规模清偿所导致的货币数量减少密不可分。同样的道理也适用于囤积货币行为所引发的货币流通速度的放缓。每个采取囤积行为的人都是出于对自我利益的保护才这样做的；然而，这种行为会使得让他们产生担忧情绪的那种状况变得更为严重。尤其是当他们将自己的恐慌带给银行的时候就更是如此。银行有时会在其客户对其进行挤兑之前先对其客户进行挤兑。

事实上,银行发现它们自己陷入一场流动性竞赛中。它们开始催讨它们贷出去的款项,然而这样做却使得存款货币进一步减少。而且,每个银行所收到的现金基本上都来自于其他银行;这些银行于是必须补充它们的现金,而要想这样,它们只能也去收回它们的贷款,然而这又进一步加剧了货币数量的减少。银行的这种囤积货币的行为会对存款货币产生一种放大的效应,因为银行里的每1美元储备可能都会支持(比如说)10美元的贷款。因此,当一家银行迫使另外一家银行交出它的1美元的有形储备时,它实际上会使存款货币潜在减少10美元。就连银行家也经常不能理解这种十倍的效应,因为被提走的有形的1美元的初始效应只是存款发生了1美元的减少。①

货币数量减少与囤积货币行为可能造成的后果

如果所有的存款都这样灭失了(理论上并非不可能),那么唯一保存下来的流通媒介就是公众手头日常持有的零花钱了。这样的话,流通媒介就会发生90%的萎缩,而留存下来的这些货币的

① 放大过程的细节已经由艾奥瓦大学的切斯特·菲利普斯(Chester Phillips)院长在其所著的《银行信用》(*Bank Credit*)一书中进行了阐释;近来,耶鲁大学的詹姆斯·罗杰斯(James Rogers)教授还用数学方法对这一过程进行了进一步的说明。

流通速度也会放缓。价格水平可能很快会降为不足原来水平的1/10。然后，几乎所有处于负债状态的商人，包括农民，会彻底破产。

这样，我们又充实了我们的清单：

1. 清偿

2. 货币数量的减少

3. 货币的升值

4. 净值的减少

5. 利润的减少

6. 生产的削减

7. 悲观情绪

8. 囤积行为和流通速度的普遍性放缓（既包括存款，也包括有形的货币）

但这里我们要再次指出，如果通货紧缩或货币的升值（由货币数量减少和货币流通受阻的双重因素造成）被阻止的话，那么流通速度的放缓和囤积行为也会被阻止。例如，如果货币数量增加而且增加得充分的话，就可以克服流通速度放缓的不利影响。

利率（第九个因素）

债务是有利息的。因此，债务的循环趋势其中也包含着利率的循环趋势。一句话，随着借款人变得对前景失去信心并因此而产生恐慌，利率（至少是在一些大的中心区域）是趋于下降的。对于利率，我们不能像在讨论其他的循环趋势时所说的那样，如果通货紧缩被阻止的话，利率的异常波动也可以被阻止。因为债务的循环趋势本身就伴随着相应的利率的循环趋势，而且这种关联是直接和必然的。然而，相对来讲，利率的这种循环趋势是没有什么危害的。

“实际利率”与货币利率

这里又有一个悖论：名义利率或货币利率与实际利率之间的不一致。如果去年我借了 100 美元，而今年打算偿还 105 美元，那么我的名义利率或货币利率就是 5%。但如果与此同时，美元升值了，比如当还款到期日来临时，现在的 105 美元的价值抵得上去年 106 美元的价值的话，那么我的实际利率就不是 5%，而是 6%。[①] 因此，在经济萧条时期，名义利率虽然很低，但有时实际利率会达到每年 50%以上！[②] 而真正重要的变数就在于实际利率与货币利率之间的这种差距；如果通货紧缩被阻止的话，这种差距也将不复存在。

① 货币利率与实际利率之间的区别就如同货币工资与实际工资、货币债务与实际债务之间的区别一样。但它要更为复杂一些，因此也更容易被忽视。我们在一个时点上就可以将货币工资转换成实际工资或将货币债务转换成实际债务。但要想将货币利率转换成实际利率，我们必须将至少两个时点纳入到我们的考虑之中，即订立债务契约的那个时点和偿还债务的那个（或那些）时点。想了解进一步的分析，请参阅 Irving Fisher 所著 *The Theory of Interest*（MacMillan，1930）一书的第 XIX 章。

② 但各种名义利率本身变化也是不均等的。放款人的悲观情绪会使他们对一些资质比较差的借款人提高利率，而不是降低利率——至少相对于他们给安全性更高的贷款所设定的利率是提高了的。也就是说，在经济萧条时期，这两个级别的贷款之间的自然差距被拉大了。

通货紧缩：几乎是万恶之源

我们看到，如果我们能够防止清偿行为对货币购买力所产生的膨胀效应的话，也就是说，如果货币被采取了保护措施的话，那么我们的清单上所列的萧条所造成的其他后果（关于货币利率的除外）都会被提前阻止，而货币利率和实际利率也会保持一致。

如果那样的话，那么唯一不好的事情就只有债务本身的波动以及债务的货币利率的波动了；而这就不是什么特别严重的问题了。我们所知道的关于萧条的事情，基本上就是这些了。

九个因素按时间排序

我们已经将九个因素按照下面的顺序进行了阐释：

1. 债务的清偿
2. 货币数量的减少
3. 货币的升值
4. 净值的减少
5. 利润的减少
6. 生产水平、贸易水平和就业水平的降低
7. 悲观与不信任
8. 货币流通受阻
9. 货币利率的降低——但实际利率却提高了

然而，尽管从传授知识的角度来看，上面我们所阐释的九个主

要结果的次序是非常合适的，但它并不是一个严格地按照时间顺序所进行的排序。这主要体现在利率和悲观情绪这两个因素上，如果按照时间顺序来排序的话，它们都应该排在比现在靠前一些的位置上。我们有意地把所有会导致悲观情绪的原因都列出来之后，才对悲观情绪进行阐述。它与其他因素相比，可能是时刻都在累积、时刻都在发展的。起初发生的一些清偿行为就会产生一种令人情绪低落的效应，而最初的这点悲观情绪的出现会对货币流通形成阻滞。

就连最初的清偿行为都有可能是由一种失望的心情（要么是债务人，要么是债权人）所引发的，因为他们意识到他们欠下的债务或别人欠他们的债务太多了，应该让它们减少一些。能让人们产生这种意识的原因很多，但是主要的原因可能还是在于收益——当前的收益和预期的收益——已经开始让人们感觉到很多过分的期望要落空，而正是这些期望才导致了大量的债务。人们常说，"循环的拐点（turn of the cycle）"很可能会因为一个很小的突发事件而到来。任何一件可能会使人产生反感情绪的事情都可能会成为最后一根稻草。然后，伴随着清偿行为和廉价销售，萧条的螺旋式循环开始了。

因此，从统计数据上来看，货币流通速度的放缓可能在信贷收紧之前就已经表现出来了，但出于阐述问题的方便考虑，信贷的收紧被列在了前面。而流通受阻这个因素则直到导致它的全部原因都被介绍完后，才被提及。

不仅仅货币流通受阻发生在货币数量减少之前，如果有足够多的谨慎的人刻意地积聚现金的话，很可能在一开始还会出现货币数量实际上的增加。

时间上的错杂还不仅仅表现于此。我们的九个因素不过是任何真实经济萧条的整个复杂图景中的一部分，它们相互间的许多效应还没有得到详尽的描述。如果我们可以同时采用两个不相关的隐喻，那么萧条可以说是充满了各种盘根错节，也充满了许多交叉水流。而且，混乱会以各种表现形式出现。[①]

萧条的最低谷

但经济的下滑趋势不会一直持续下去。让我们来探究一下第一个因素——债务。清偿过程可能会一直持续下去，直到最后，清偿的速度超过了剩余的债务膨胀的速度，这时它不但会让债务数量减少，而且会令债务的实际规模也减少。每一次经营失败、每一次破产、每一次重组都会将世界上一定数量的债务抹去（不必再偿付），从而加快清偿的速度。而这些失败或破产会阻止清偿行为的恶性传播，将货币价值提高到十倍于最初的水平。而且，由价格下降所引起的贸易量的减少会对价格的进一步下降产生抑制作用。也就是说，当贸易需求也发生萎缩时，相对于贸易需求来讲的货币和信用的短缺就不算是一个特别严重的短缺了。这样的话，通过实际的清偿、破产以及贸易的缩减，下降螺旋的底部最终会被触及。

于是，商业世界开始步入一个负债不足的时期。随后，债务循

① 附录Ⅰ中提供了一个表格，里面涵盖了这九个因素的一些复杂的时间顺序。

环可以说进入到一个蓄势待发时刻，它为复苏做好了准备，而复苏则会再次演变为繁荣阶段，这个繁荣阶段与经济最开始滑落下来的那个繁荣阶段相类似。在这个蓄势待发时刻，世界上充满了廉价的东西，当然也包括各种投资品以及为投资者提供的贷款利率。由于每一美元的债务在债务存续期内不会再增长，因此，名义利率不会给人造成一种假象，对于短期借款来讲，名义利率和实际利率暂时是一致的。此时，要想实现复苏还需要的就是一些能挨过萧条，依旧拥有充足的资源从而能够利用这些廉价的东西的个人。

经济下滑本身就容易造就这样的个体。他们是债权人和工薪阶层中运气好的幸存者——未受影响的债券持有人和未受影响的工薪族。正如前面所指出的，对于他们来讲，货币价值升高意味着生活成本下降，而这会鼓励人们在经济风暴过后大量购买残留下来的商品。而且，当那些囤积货币的人确信底部已经到来，他们将囤积的货币重新投入到流通中去会很安全的时候，他们会成为重要的买方。

再次来到繁荣阶段

经济重拾升势起初总是表现为一种恢复，此时，所有上述九个因素都发生了逆转。不信任与失望的情绪让位于信心，接着又让位于热情。被囤积起来的货币重新开始进入流通领域。存款也不再闲置。商品投资和商业贷款又开始涌动。也正是因为这些情况，名义利率出现上涨，但其上涨并未对这种复苏的势头起到抑制作用，因为实际利率是下降的。也就是说，新的购买行为和借贷行为使存款货币再次发生膨胀，既增加了其数量，又加快了其流通速度，这样便提高了价格水平（也就是说，使货币发生了贬值），因此尽管债务量名义上是上升的，但每一单位货币的实际负担却是降低了的。每一单位货币的实际负担降低的速度甚至会比债务的名义数量增加的速度更快，这样，债务总的实际负担便降低了，即使它们的数量在增加。此后，人们的购买和借贷行为变得更加积极。买方进一步加快了完成交易的速度，以便在购买行为还合理时，他们的目标能得以实现。同时，通过提高价格水平而实现的通货再膨胀（reflation）提高了净值，而这驱散了人们对于经营失败的恐惧。企业利润也提高了，这鼓励了企业经营者提高他们的产量、建造量以及用工量。于是，贸易额也开始增长。

恶性螺旋式上升

要是这种复苏运动能够停在平衡点上就好了！但我们在上一段落中的叙述已经暗示将会出现一种恶性螺旋式上升——与恶性螺旋式下降相对应。同螺旋式下降一样，它也涉及九个振荡因素中的三个，即债务、货币流通和货币的实际价值。随着通货再膨胀减轻了债务的实际负担，很多债务人，包括一些新的偿还能力较弱的借款人，都被引诱去进一步扩张他们的企业；为了达到这一目的，他们会借入更多的债务，这进一步稀释了货币的价值，因此也进一步减轻了实际的债务负担，而这又会诱使商业世界中更多的人（包括一些新的偿还能力更弱的借款人）去借入更多的债务，依此类推——直到债务的货币数量的增长速度再一次快于每一单位货币价值减小的速度，人们意识到必须改变已经存在的一种过度负债的局面时为止。然后，借款行为会减少，清偿行为开始；经济再一次朝着萧条的方向发展。

第四章　债务诱因

不能产生收益的债务

我们是在波峰上，即假定有过度负债的条件下开始我们的讨论的。那么，是什么导致了债务的产生呢？

为了搞清楚过度负债的根源这一问题，我们先将负债做一个分类。

债务主要可以分为两类：能产生收益(productive)的债务和不能产生收益(unproductive)的债务。[①]

当某种厄运降临，使得借款人的收入流出现了断流时，就会出现不能产生收益的债务。借款人会用这笔钱填充亏空，并等待时运的好转。如果一个工人生病了，在一段时期内不能挣钱了，他就会去借一笔钱以使自己渡过难关。他用这笔钱来弥补家庭收入的不足，而当以后他又可以继续挣钱时，再去偿还这笔借款。当然，这种不幸偶尔可能会在同一时间段内影响到很多人，而这就会导致一种普遍的过度负债情况的出现。大地震、大火灾、洪水、干旱、

① 要想了解关于这一分类更充分的讨论，参阅 *The Theory of Interest*, by Irving Fisher (MacMillan, 1930)。

瘟疫和战争都会导致大规模的不能产生收益的债务。干旱即使不是导致农业萧条和减产的原因，也会加重农业的萧条和减产。而战争则不但创造了巨额的不能产生收益的债务，而且这些债务还被用于破坏性目的。

然而，不能产生收益的债务（除了战争债务外）可能都是零星发生的；因为在每种情况下，这种借款行为都是不情愿的，通常也都是非常谨慎的，很可能受到借款人现有的抵押担保能力的限制。因此，总的来说，（除了战争债务外）这种负债一般不会过度。

能产生收益的债务

作为经济危机或者说大多数经济危机的一种解释，能产生收益的债务要比不能产生收益的债务重要得多——战争债务除外。同不能产生收益的借款行为一样，能产生收益的借款行为的出现通常也是因为收入出现了窟窿，但这个窟窿的出现不是偶然的，是借款者有意为之。当某人看到了一个能够产生巨大收益的投资机会，但此时的他又无法得到一笔贷款时，那么他会非常愿意以他现在大部分的收入所能换取的享受机会为代价，去投资于他认为应该会实现的发财机会，即使他要在未来的一段时间内靠着面包和奶酪过活。也就是说，他把钱用于储蓄而不是消费。但如果他能够得到一笔贷款的话，那么他就不必缩减用于享受的收入。也就是说，他几乎没有牺牲多少当前的消费。如果他发现自己可以很随意地借到资金的话，他可能会被诱使去借入更多的债务，而且其用于消费的支出甚至会多于获得贷款前的水平，而这取决于他的预期投资收益，他要用这笔收益去偿还他用于投资的贷款并为他的挥霍行为埋单。这种人的心理不同于我们前面所讲到的那些不幸的人的心理。他的内心不是充满了恐惧、沮丧和谨慎，而是充满了热情和希望。

通常来讲，投资机会是由新发明、新发现或新的商业方法所造就的。当发明者或他们背后的赞助者认为他们能通过借入一笔利息为6%的贷款而实现100%的利润时，他们怎么会犹豫要不要去借款或要不要继续借款呢？关于这种诱惑的例子包括伊利运河(Erie Canal)的开凿、新铁路的建设、酸性转炉炼钢法的开发、电的新应用以及新的行业（例如汽车、飞机、无线电等行业）的出现。

关于历史上一些情况的解释说明

在1792—1793年间的英格兰，这种诱惑是运河、房地产和机器。在1814—1816年间，当拿破仑对国际贸易的干预被打破时，英格兰地区的这种诱惑是与欧洲大陆重新开展贸易的前景。英格兰的投机资金大量涌向可出口商品。1825年，还是在同一片国度上，存在着各种各样的诱惑：墨西哥、南美及国外其他地区的矿产和其他商贸企业——G.J.鲍威尔（G. J. Powell）所称的“对于即将到来的繁荣过分夸大的远景”，而这种远景是通过投资所获取的利润实现的。图克(Tooke)说：

> “以一小笔数额的钱作为赌注，换取实现巨大利润的可能性，这是一个难以抵制的诱惑；人类本性中全部的投机倾向不

断被激发进而演化成行动，形形色色的各类人——容易轻信他人的人和无知的人、王公、贵族、政客、爱国主义者、律师、医生、教士、哲学家、诗人，以及各个阶层、各种状况的妇女（独身女人、为人妻者以及丧偶女人）——都匆忙将其个人财产的一部分投向某些除了名称外，他们一无所知的项目。”

在美国，主要的几次危机分别发生在1819年、1837年、1857年、1873年和1893年。这些危机中的大多数，在发生前都出现了通货膨胀，随后则出现了由于货币和银行信贷的减少而引发的通货紧缩。在1819年和1837年的两次危机中，是银行所采取的一些冒险的行为引发了通货膨胀。在全部这几次危机中，都无一例外地有房地产投机行为，这是因为——正如维克多·克拉克（Victor Clark）所指出的那样——像美国这样的一个新国家所能提供的创造大量利润的机会，基本上都与新地区土地的开发有关。1819年，东部地区的土地市场经历了一次繁荣与崩盘的洗礼。1837年，主角换成了西部和西南部。无论何时、无论何地，只要有新土地被开发，就会有土地投机行为出现，最近的一个例子是1926年佛罗里达土地市场的兴旺。1837年的危机是因为对土地和棉花诱惑以及运河开凿、汽艇和收费公路等诱惑的追随而爆发的。当时费城的大银行家比德尔（Biddle）领导了这次投机活动。伊利运河的开凿产生了深远的经济影响。来自欧洲的大量贷款使得这些用于国内基础设施改良的投资成为可能。

而伴随着加利福尼亚州新发现的金矿的开采以及铁路的开始兴建、国内基础设施的扩展和西北地区的开发，爆发了1857年的危机。

1873年的恐慌则是在横跨大陆的铁路投入使用以及西部农场被开发后(借助于宅地法案)出现的。这些新的农场被抵押给了东部地区的资金出借人。

在1893年的恐慌出现之前,美国出现了农具的过度使用,这导致了农产品的过度生产,博加特(Bogart)教授曾指出过这个问题。但造成这一现象的主要原因似乎是过多的白银注入货币体系中,使得人们对于货币的状况产生了一种不信任的情绪。作为货币基础的黄金数量太小了。

阴暗的一面

一些有利可图的新机会的出现仅仅是第一步。起初,在开发新机会的过程中起带头作用的一些人负责吸引公众来投资或为投资而借款。而后出现了一些人,他们不是为了赚取收益而投资,而只是为了投机——买进只为很快再卖给其他想投资的人或其他投机者。后来,又来了一些比较无德的推波助澜者;最后,一些十足的骗子也会参与其中。如果没有秘密交易,大的崩溃可能就永远不会发生。实际上,秘密交易行为被揭露经常是压垮骆驼的最后一根稻草,它会让灾难性的清偿行为在顷刻间发生。欺诈也是这张环环相扣的网中的一个环节,它既是结果也是原因——真正的投资机会的结果和过度负债的原因。没有什么债务会像那种建立在错误希望上的债务一样在数量上如此过分,而当希望破灭时,这种冒险活动便会被当作一种被刺破的"泡沫"遭到千夫所指,例如密西西比泡沫和南海泡沫。

只有通货膨胀的情况

关于引发债务的诱因，我们已经讨论了由灾难（包括战争）所引发的不寻常债务（此时人们的当前收入减少了）和由投资所引发的不寻常债务（此时人们预期未来收入会提高）。但是我们还要介绍一下不以任何不寻常债务为开端的通货膨胀。

这类通货膨胀，无论是计划好的还是意外的，都直接对货币发生作用，没有不寻常的债务出现，但很快就会对债务状况产生影响，因为这类通货膨胀会将令人意想不到的利润注入商业中去，这会令商人扩大生产，开办新企业，而这会给他们带来更多的负债。美国历史上有过很多这样的例子。1849 年，加利福尼亚发现的金矿为世界提供了大量的黄金。而在 1896—1913 年，南非、科罗拉多和阿拉斯加等地又一次向世界倾倒了大量有害的黄金；差不多在同一时期，由于一种成本较低的从低等级矿石中提取黄金的手段的出现，一些较贫瘠的金矿也重新焕发了生机。世界也曾遭受过许多次纸币大通胀所带来的苦难，尤其是在战争时期。这些通货膨胀都导致了过度负债的出现，而过度负债随即引发了其他八个循环趋势。

诸多因素共同引发萧条

我们发现，有时通货膨胀和预期共同起作用。1857 年的危机就是这样的情况。为了投资于矿山，人们一直处于过度借贷的状态。如果从这些矿山中只能开采出铜的话，情况本就已经足够糟糕了；然而从这些矿山中还能开采出黄金，黄金的大量注入所引发的通货膨胀被叠加到债务所带来的影响上。也就是说，黄金的通胀和信用货币的通胀交织在了一起。

从另一方面来看，与人为的或意外的通货膨胀相反，有时可能会出现人为的或意外的通货紧缩。南北战争以后，当 19 世纪 60 年代的绿背纸币通胀被 1879 年黄金支付的重新启用所取代时，便出现了人为的通货紧缩；而且，随后又出现了金矿的意外枯竭，这些或许都是于 1893 年达到顶峰的经济萧条的重要原因。

在恶性循环中，债务因素和通货膨胀—通货紧缩因素互相推动，它们中的任何一个都可能成为这场角逐赛的始作俑者。引发萧条最重要的一个因素是战争，包括从战争中恢复的阶段。战争本身是通货膨胀的最大诱因；但战后的一段时期却最易造成通货紧缩，因为战争是最大的债务（无论是能产生收益的债务还是不能产生收益的债务，也无论是政府债务还是私人债务）制造者。此外，战争还会刺激其他能引发萧条的因素，例如政府干预。

有时，我们可能会很偶然地碰到各种可以想象的诱发因素共同朝着一个方向发挥作用的情况，例如战争、金矿的发现、拥有更大信贷扩张能力的新银行系统、重大的政府干预以及从近期的萧条中的恢复。这些因素中的很多在美国 1913—1919 年间以及 1926—1929 年间都曾同时出现。

第五章 “此次”商业循环？

循环理念的形成

以前，人们习惯于将任何经历了繁荣与萧条的情况称为“商业危机”。而此类情况还会有规律地重复发生，并且表现出明显的共性。例如，这一事实在 1837 年被伦纳德·培根以雄辩的文字进行了阐释，我们在本书的开头引用了这段文字，而这段文字阐释几乎也完全适用于 1932 年的情形。由于存在这些共性，又有着重复发生的特点，以及危机前和危机后所出现的一些现象的原因，“循环”这一术语逐渐变得比“危机”更为人们所接受。[①]

1867 年，曼彻斯特的约翰·米尔斯(John Mills)在曼彻斯特统计学会(Manchester Statistical Society)大会上朗读了一篇关于“信贷循环和商业恐慌起源”的颇有见解的论文，[②]在这篇论文里，他指出，繁荣和萧条每隔大约十年就会确定无疑地重复发生。1894 年，帕尔格雷夫《政治经济学辞典》(Palgrave's *Dictionary of*

---

① 这主要是通过 Wesley Clair Mitchell 的影响力实现的。

② *Transactions of the Manchester Statistical Society*, December, 1867.

Political Economy）中提到的这一周期则是更为粗略的“10 年或 12 年”，它列举的年份为 1753 年、1763 年、1772 年、1783 年和 1793 年，以及 1815 年、1825 年、1836 年、1847 年、1857 年、1866 年、1878 年和 1890 年。而近来，最为人们所普遍接受的平均数似乎是 3.5 年左右。前不久，汉森（Hansen）教授曾经这样说：[①]

> “对于危机和萧条所进行的科学研究的第一个重大成就就是发现了商业是以循环的方式变动着的。所发现的第一个循环是主要循环，它的周期通常是 7—11 年。克莱门特·朱格拉（Clement Juglar）在其著作《商业危机》（*Des crises commerciales*）（该书首次出版于 1860 年）中对这一循环进行了有力的证明。而仅仅是在刚刚过去的 20 年中，人们才证明〔起主要作用的是马伦·M. 珀森斯（Marren M. Persons）和韦斯利·C. 米切尔的著作〕，至少对美国来说，还存在一种持续时间更短、大约只有 40 天的次要循环。之所以说在美国次要循环尤其明显，很可能是因为其国内市场非常大，以致内部的小规模波动可以在国内形成而不会反映在外部世界中。从历史上来看，在美国每两个或每三个次要的萧条会发展成为一个主要的萧条。最后，莫斯科的 N. D. 康德拉季耶夫（N. D. Kondratieff）教授又指出了‘长波’的存在，每个长波的持续期为 45—60 年。”

① *Economic Stabilization in an Unbalanced World*, by Alvin H. Hansen (Harcourt, Brace & Co., 1932), p. 93.

“被迫的”循环

诚然，经济事件具有循环的趋势，而循环有两种类型：从外部强加给经济组织的循环，或者也可以被称作“被迫的”循环，以及内生于经济组织之中的循环。

那些外部施加的循环有众多的诱因。在这些循环中，有些循环的经济节律(economic rhythms)很可能是超过一年的。W.斯坦利·杰文斯(W. Stanley Jevons)认为，他发现了一个被太阳黑子证明了的10年的经济节律。而H.S.杰文斯(H. S. Jevons)似乎发现了一个3.5年的经济节律，他认为这是太阳辐射的结果。H.L.穆尔(H.L.Moore)教授则提出了一个8年的经济节律，并将此归为金星与地球会合的结果。近来，史密森尼学会(Smithsonian Institution)的阿博特博士(Dr. Abbott)一直在研究太阳辐射中的长期循环。当然，这些循环很可能会对地球上的经济事件产生一些模糊的效应。所有这些循环趋势都有可能存在，而且彼此之间相容——尽管还缺乏充分的证据来证明它们的存在。

然而，人世间的事物中也有很多的短节律，它们无疑也是由多种力量诱发的。这些节律包括一年一度的和每天一次的两种。地球围绕着太阳的旋转引发了光、热和水分的改变，而这些改变决定了季节的变化，从而造成了种植和收割上的周期性趋势以及商业活动和银行业活动的某些阶段的周期性趋势。这些一年一度的节律被称作“季节变动(seasonal variations)”，更准确一点，它们或许应该被命名为季节周期(seasonal cycles)或周期性趋势。同理，地球围绕着它自身的轴的自转会引发光明和黑暗的变化，于是，便给所有的人类活动（包括商业在内）带来了以24小时为单位的周期性趋势。

经济机制外的因素也导致了其他一些循环趋势。它们属于习惯性节律或制度性节律。例如星期日的宗教和传统仪式决定了工资每周支付的节律；而更为随意设定的月份则决定了薪金支付的另一种节律。

所有这些“被迫的”节律，也就是来自于外部的强加于经济机制之上的节律，都是永久存在的，或至少是像风俗习惯及其他施加影响的外部因素一样长期存在的。

“自由”循环

没有人否认这些“被迫的”节律的存在，但这种节律中没有哪一个能和繁荣与萧条的节律清晰地吻合。为了找到导致繁荣与萧条的原因，我们必须深入经济机制的内部，去思考那些相对来说“独立于”外在控制的节律。

但当我们完成了这种尝试后，我们发现明朗和清晰不复存在，取而代之的则是争论。我们发现了相当清晰的“趋势”或者说渐进的改变，但这些趋势或改变都不是节律。而我们也找到了很多关于有节律的趋势的证据，但这些证据都不是很清晰，而且它们的名称也是五花八门。本书只介绍一组循环趋势，它由相互联系的九个要素组成，而就连这些要素之间的相互关系都不是很简单的，而是组成了一个盘根错节的排列组合网络。它们之中的任意两个所构成的可能的(关系)排列总数达到360,000种以上;而如果对这九个要素再进行细分,并加上其他一些要素的话,那么排列总数将会无限增大。

任何失衡都会引发循环趋势

任何因素的失衡,理论上讲,都至少会引发其他多个甚至全部因素的波动。这种失衡可能并不是从我们所讨论过的那两个因素(过度负债和通货紧缩)开始的,有些失衡是从过度生产或生产不足开始的,有些是从过度消费或消费不足开始的,有些是从过度投资或投资不足开始的,有些则是从过度储蓄或储蓄不足开始的。凡此种种“过度”或“不足”,也就是说,任何对经济平衡的短暂偏离,都能引发向均衡点回复,但却超越均衡点,而后在均衡点附近来回振荡这种趋势,都会成为失衡的起始点。

各种经济力量之间的关系并不像经典经济学家过去所想象的就如同一排物体那样简单,每种经济力量只与其相邻的两种力量发生关系,实际上,正如瓦尔拉(Walras)很早以前曾指出的,这些力量包括各种变量,每种力量都会对其他力量产生影响,因此一种力量发生改变会引发其他所有力量都发生改变。各种经济力量就如同一个碗里盛放着的若干颗玛瑙,动其中任何一颗,其他所有玛瑙都会动。因此,一旦经济平衡失调,我们不应该去寻求任何单个或简单的解释,但我们可以去寻找一些相对于其他因素来讲更为重要且更具有支配性的因素(个头更大、影响力更大的玛瑙)。例如,在经济的池塘中,过度负债和通货紧缩可能会卷起巨大的波浪，而相比之下，过度生产、小麦的减产甚或是佛罗里达州土地市场的繁荣只会制造些涟漪。

但是这些不均衡会逐渐消失

然而，除非有外部力量重新引发失衡，否则任何一般的不均衡最终都会回复到均衡状态。[1]

而且，在任何类型的作用与反作用中，都存在一种起阻滞作用的因素，我们称之为摩擦。一些机械装置，比如钟摆在运行过程中就会遇到这种情况。于是，我们这样思考似乎也是合情合理的：在所有的经济活动中，也存在类似于机械摩擦的因素，为了方便起见，我们可以称之为“经济摩擦（economic friction）”，这种摩擦会让经济朝向任何方向的运动停止下来。如果确实存在这样的情况，那么当任何经济钟摆朝一个方向摆动时，它再朝另一个方向摆动的幅度都会变小。我们这样有意地阐述只是想说明存在这样一种趋势。实际上，上述情况发生的唯一一种可能是，没有新的使其摆动的外力。然而，无论在经济学中还是在力学中，这种新的外力都是很有可能存在的。

“此次”商业循环是个神话吗？

“此次”商业循环的拥趸们似乎经常忽视其他的一些干扰性的

① 也就是说，我们把大多数的均衡都看作是稳定的。因此，不稳定的均衡会自我破坏且不可重复。

循环趋势和“摩擦”，他们期望由此而产生的实际波动能构成明显的循环（在剔除长期趋势和季节变动因素后），并且在波动的幅度上没有任何减弱。然而，就目前我所了解的情况来看，在他们用图表来表示的连续经济波动中，还没有哪两个形态相似或拥有相等的时间跨度，而且也没有哪个不是始于某些非节律性的外部诱因，例如发现、发明、新市场的开拓、新地区的开发或老地区的一些新资源的开发，以及战争、瘟疫、火灾、洪水或地震等。从历史情况来看，商业循环似乎总表现为这样一种情况，即前述九个诱因中的一个或多个与某些商品的价格、价格总水平、收入、生产、消费、商品存货、债务或经济机制中的一些其他因素发生冲突。而在这九个诱因自身中找寻某些节律性的趋势就更加困难了。萧条给人们带来的苦难通常会刺激发明创造，而一个发明创造经常会导致另一个发明创造，一次战争的发动并不会让所有导致战争的原因都消失掉，这些都是千真万确的；通货膨胀通常会酝酿战争，而战争通常会促进发明创造的出现，这些或许也是正确的；但是，到目前为止又有谁能发现这些因素中真正的节律呢？要么是根本不存在节律，要么就是各种节律都不一致。1815 年拿破仑的被捕和美国内战后的铁路大繁荣似乎很难说是某次循环的一部分，更不用说是“此次”循环的一部分了。

近期的大量研究几乎已经否定了实际周期（actual periodicity）的观点。但许多经济因素（如果不是全部的话）中毋庸置疑的节律性趋势仍然驱使着人们去搜寻其中所蕴含的周期性——至少是自我延续性（self-perpetuation），这是项既吸引人又令人困惑的工作。有时，各种萧条的诱因如此迅速地相继发生，以至于在一个因素所引发的振荡消失前，另一个因素就已经开始发挥作用了，这种连续性刺激着搜寻周期性的工作。而有时，如果运气好的话，多个振荡会在没有受到一种新的诱因干扰的情况下完成，而这进一步证实了循环的观点。如果运气更好的话，最初发挥作用的几个诱因有时会表现出一种明显的周期性，它们之间就像钟摆的擒纵机构一样运转。在大概一半的情况下都会发生这样的巧合是相当惊人的；而在另一半情况下，即便是节律性逐渐消退，这种节律性依然可以令那些笃信周期性或自我延续能力的理论家感到满意。

如果真的有证据表明存在着能够自行启动和自我延续的经济节律，那么我愿意改变我的观点，但到目前为止，我所看到的只是一些巧合和相互矛盾的情况交织在一起，我们可以用一把摇椅和一只出海的小船的例子来说明这一点，它们所处的环境会对它们产生有节律但却不稳定的影响。如果让摇椅处于倾斜状态的话，放开手，它一定会持续摇晃很长时间——但并不会一直这样下去。而掸摇椅上灰尘的家庭主妇的一碰就可能会让它重新摇晃起来或者失去摇晃的节奏。出海的小船如果受到一波海浪的颠簸通常会被抛向后方，并会不停地晃动，但其晃动的节律却会被其他一波一波海浪的冲击所打乱。海浪本身是有节律的，这一点是确定无疑的，然而在现实中由于侧风（cross wind）的作用，其节律是体现不出来的。接下来我们想象一下在一个浪涛起伏的海面上一艘受到颠簸而摇晃的船的甲板上的一把摇椅。这把椅子会受到这么多外因的影响，因此它的运动不会遵循任何简单的节律。其最后表现出来的运动方式将由许多节律和非节律所组成，因此有时会显得很有节律，而有时则完全无节律可言。无论怎样，都没有人想过把摇椅的这种动作称作“摇椅循环”。

简而言之，“自由”循环似乎总会减弱直到消失，而“被迫的”循环则不会，而且在任何一个现实的例子中，我们都不仅能发现趋势和诱因，还能发现自由循环和被迫的循环是结合在一起的。

循环是事实还是趋势？

然而，关键的问题是要承认事实上的循环和循环趋势之间的区别。[①] 在一些特定的简化条件下，商业的波动将会沿着某条重复的曲线的轨迹进行，就如同在简化条件下，摇椅的晃动也会表现出非常完美的重复性节律一样。而与此要区分开的是，在1929—1932年间或在任何其他历史事件中，商业确确实实是沿着某一条曲线的轨迹波动着的。趋势的出现是有前提条件的，而事实是没有条件约束的。趋势相对简单，而事实却总是很复杂，它是大量趋势综合作用的结果。这些趋势中有的具有周期性，而有的则根本没有周期性，比如家庭主妇掸摇椅上的灰。

出于这些原因，我不赞成用“循环”这一术语来描述任何实际发生的历史事件。循环这一概念只适用于某种趋势，至多是多种趋势的某个特定的结合。

通过研究最终所表现出的具有合成性质的不平稳运动背后的循环趋势，人们的确获得了一些真知，对于这些知识的价值，我并

① 参见“Business Cycles as Facts or Tendencies,” by Irving Fisher, *Economische Opstellen* angeboden aan Prof. Dr. C.A. Verrijn Stuart, Haarlam, 1931。

不否认。事实上，当船的节奏主要是由各种来自天空和大海的非周期性力量的作用而形成，并且只能看清近距离的形势时，水手采取行动与做出反应方面的经验是最为重要的。当船在浪尖之上处于平衡状态的那一刻，各种干扰因素都有可能会对其下一步的运动产生影响；然而，一秒钟之后，它怎样运动便会确定下来，而水手也会清楚地知道它会怎样运动，并会对自己在接下来的五秒钟或十秒钟的时间内采取怎样的措施有个大致的设想。知道这些对他是有好处的。同样，了解商业中的一些循环趋势的知识对我们也有好处——尽管要想使用这种知识，我们还需要了解其他一些非循环性的要素。

于是，经济波动的整个图景就包括这四个要素：被迫的循环、自由循环、诱因和趋势。

第六章　其他理论

诸多相互一致的理论

在涉及这么多振荡因素和这么多能引发振荡的诱因的复杂情况下，如果两个研究繁荣与萧条的循环往复的研究者能得出完全相同的理论，那实在是太罕见了。不同的研究人员会借助于不同的研究方法，因此他们也会得出不同的研究结论。但这些结论之间经常是互为补充的，而不是相互冲突的。然而，令人遗憾的是，在这个问题上，许多研究人员过于执著于某一个因素，而拒绝接受其他所有的因素。而且，那些认为繁荣与萧条循环往复发生过程中的所有现象均可以用唯一一种理论来解释的人，也不欢迎任何新的理论和解释作为他们心目中的那种唯一解释的替代品。就我自己来说，在我的多部隐晦地谈到当前这方面的工作所存在的这个具体问题的著作和文章里，我提到了几个具有振荡性质的因素，[①]后

---

① 想了解迟变利息(lag interest)的作用，请参见我所撰写的 *Theory of Interest*, MacMillan, 1930，想了解价格变化的作用，请参见"Our Unstable Dollar and the So-called Business Cycle," *Journal of the American Statistical Association*, June, 1925, pp. 179—202。

来,我惊奇地发现,我很快就被分别归到相应的几个派别之中,好像我已经提供了一个对于繁荣与萧条循环的完整解释。

简单地浏览一下人们所提出的一些理论,我们会发现它们之间基本上是相互吻合的,而且与过度负债理论也都一致,尽管在其中任何一个理论中,过度负债都没有被明确地赋予一个最主要的角色。韦斯利·克莱尔·米切尔对于商业循环问题的悉心研究被奉为经典,然而在他对于循环理论所做的评介中,显然也没有具体提及债务循环。实际上,在他的《商业循环》(*Business Cycles*)及汉森(Hansen)的《商业循环理论》(*Business Cycle Theory*)这两本书的索引中,都没有"债务"这一术语。在汉森的书中,唯一一处提到债务的地方(在"信贷"这一章中)是"参见银行信贷",而这其实只是"债务"这个大概念的一个部分。

我将会在下文中提到这些理论中的一些,主要目的并不是为了指出它们的不足(因为毋庸置疑,没有任何一个理论是非常充分的),相反,却是要承认它们所包含的真理成分,并且要表明,通过经济机制内部各要素之间永不停歇的相互作用,它们似乎与构成本书主题的过度负债和通货紧缩这两个要素之间并非毫无瓜葛。

价格紊乱理论(price-dislocation theory)

1.价格紊乱理论主张,当在诸多的价格(例如商品价格、租金价格、利息价格及税收价格)中,某些价格过低,而另外一些价格过高时,商品的交换就会受到阻碍,这包括对于生产和就业所形成的阻碍。

很明显，本书所强调的通货紧缩使价格变得紊乱，当通货紧缩到来时，某些价格，例如租金、利息、税收、工资等，会比其他价格表现得更为坚挺。毫无疑问，各种类型的价格紊乱都会引发经济的混乱。而且，这些紊乱有一种逐渐强化的态势。一组价格越是坚挺，其他价格越是难以撑住。在1932年的大萧条中，一些书或文章的作者坚持认为，呈现出刚性的价格的范围是有史以来最大的。如果价格体系中的较大部分都在经历一种逐渐刚性化的进程（这似乎是很有可能的），那么其余部分的不稳定程度将会变得越来越严重，发生经济崩溃的可能性也会越来越大。

前瞻差异理论
(inequality-of-foresight theory)

2.接下来是放款者和借款者的前瞻差异理论。在《利息理论》[①]中，我已经得出了一些源自这种差异的振荡趋势。在通货膨胀时期，借款人要比放款人更容易看到（感觉到）这一事实，即实际利率很低；而这会诱使其大量借款，从而令其陷入过度负债的境地。

收入变化理论(changes-in-income theory)

3.有些理论强调收入的变化。当然，实际收入的波动和收入

① *The Theory of Interest*, by Irving Fisher, MacMillan, 1930.

的再分配是最为重要的；本书中的分析涉及了其中一些变化，尤其是它们对于利润和失业的影响。

贴现波动理论
(fluctuations-in-discount theory)

4.有一种理论，是关于收入资本化所采用的贴现率的波动的。这种波动在许多方面都非常重要。变动的贴现率会影响债务抵押品的价值，并因此而影响偿债能力。

现金余额变动理论
(variations-of-cash-balance theory)

5.接下来的这个理论是与人们在银行里的现金余额的变动有关。在某种程度上，本书前面的分析已经涉及了该理论(在"流通速度"那一小节中)。现金余额相对于银行储备的变动尤其重要。霍特里(Hawtrey)曾经指出，存款人的存款余额与银行储备之间的不一致导致了不稳定的产生。

过度自信理论(over-confidence theory)

6.还有一种过度自信和过度乐观理论。这些因素在很大程度上都清楚地体现在本书的分析之中，它们在生产和消费之间存在着较长时间差的工业社会中尤为重要。每个生产者都需要对未来

（未来的消费和未来的竞争）进行猜测，但他不可能总是猜对结果。他的失算和错误会给他带来很多困扰，其中一个便是过度负债。过度负债可能是过度自信所带来的一个主要的困扰。当然，如果没有过度负债，过度自信也不会造成破产！

过度投资理论（over-investment theory）

7.或许，与本书所阐述的理论最为近似的理论便是过度投资理论。但是，如果过度投资的出现并不伴随有借款行为的发生，那么像股市崩盘、企业破产的蔓延或大范围的失业等严重的情况似乎就不会随之出现。然而，即便是没有资金的借贷，过度投资通常也会引起一些明显的振荡。

过度储蓄理论（over-saving theory）

8.上述对于过度投资理论的解释也同样适用于“过度储蓄”。事实上，储蓄通常是投资的基础。过度储蓄会导致过度投资和过度负债。

过度支出理论（over-spending theory）

9.与过度投资和过度储蓄相对的是储蓄不足或过度支出（两者是等价的）理论。从最初的振荡方向上来看，过度支出所引发的振荡自然是与过度投资所引发的振荡相反的。那么，为什么我们会因为一件事情既找储蓄的毛病，又挑支出的不是呢？必须承认，在繁荣时期，我们会碰到过度投资与过度支出同时存在的情况。而使这两个看似矛盾的要素能够同时存在的关键便是过度负债。除此之外，我们很难找到能使它们共存的其他方式。如果一个人借入的资金足够多，那么在他身上就可能会出现过度投资与过度支出共存的情形，而如果没有资金借贷行为的话，那么他就不大可能同时犯下这两种错误。

储蓄与投资不一致理论(discrepancy-between-savings-and-investment theory)

10. 有些学者非常重视储蓄与投资之间的不一致情况，它们认为这种不一致会带来问题——这种可能性非常大，尤其是当投资是来源于借入的资金而非储蓄时。储蓄与投资之间的不一致基本上都是由债务所导致的。

生产能力过剩理论(over-capacity theory)

11. 过度建设和生产能力过剩是过度投资的自然结果，无论这种过度投资是由太多的债务造成的，还是由其他因素造成的。J. M. 克拉克(J. M. Clark)教授明确指出，[①]建设工程的突然中断会

① *The Economics of Overhead Cost*, by J. M. Clark, University of Chicago Press, 1923.

造成非常剧烈的振荡。而且如果这些过多的建设工程是靠借款来融资的，这种振荡的幅度还将被进一步放大。

消费不足理论(under-consumption theory)

12. 消费不足和对消费品需求的变化这类失调至少会造成一定程度上的振荡。但消费不足看上去好像与过度生产是一回事儿。

过度生产理论(over-production theory)

13. 尽管大多数经济学家都对过度生产理论持怀疑态度，但在我看来，至少在繁荣时期，该理论还是存在着理论上的可能的。我不接受那种陈腐的观点，即"一般意义上的过度生产是不可能的，也是难以想象的"。但这里我并不想就这一话题展开争论。

根据卡尔·斯奈德所做的重要的统计学研究来看，生产似乎是以一种非常稳定的状态向前发展的，因此很难把它想象成一种导致大萧条发生的主要因素。作为许多次大萧条一个共同特征的存货的大量积聚，准确点儿说，似乎更像是萧条的症状或与其相伴而生的结果，而不是其产生原因。

当然，出于生产的目的，企业签下了许多借债合同。如果债务人对于其自身债务安全边际的判断是错误的，那么这很可能是由于他对于其产品的市场接纳程度的预判在一开始便出现了问题。过度生产本身不大可能成为一种令萧条长期存在下去的持续性力量。如果仅仅是过度生产导致了萧条的发生，那么在我看来，经济将很快并几乎是自动地进行自我修正。

尽管如此，过度生产还是可能会令债务的清偿行为突然发生。让借款人和其贷款人对于债务的状况感到惊慌的早期征兆之一很可能是借款人在市场上对于其商品所表现出的失望情绪。或许，这恰恰解释了为什么1929年时（正如我们将会看到的那样），在债务体系崩塌前的两三个月，生产、工资支付总额以及物流运输就已经开始萎缩。此后，就连最英明的生产者也会遭受打击，并不是因为其过度生产，而是因为被卷入了债务清偿的旋涡之中；因此，为了清偿债务，他们被迫将全部商品的生产转化为生产不足。

结　论

上述这些理论很少被提及。有很多理论都与过度负债或通货紧缩有关，或与它们二者都有关联，并且它们都包含着一些重要的真理成分，而上述这些理论只是它们中的一部分。在本书中，我专心致力于九个趋势的讨论——它们只是造成商业扰动（business disturbance）的诸多“首要原理”中的一部分。当然，我们也可以对其他的一些趋势进行一番探讨，从而令它们也拥有被称作“首要原理”的平等权利。本书中所讨论的这几个原理中所包含的真理同其他理论中所包含的真理相比，其重要程度如何仍旧是一个问题。在下任何最终的结论之前，我们都需要做深入的统计研究和历史研究。而为了从定量的角度完善我们在本书中所讨论的这九重循环趋势，我们也需要做进一步的研究。这些研究应该包括下列这些基本问题:任何一种类型的典型循环趋势会持续多长时间?在循环振荡的过程中,它的振幅是否会如我所假想的那样越来越小?如果是这样的话,那么振幅变小的速度如何?另外,这九个或更多的曲线有怎样与众不同的形状?这些曲线之间有怎样的时间间隔?[①]

接下来的两章将介绍一下对于1929—1932年间实际情况的一个简短研究,它与本书中所选择的这些原理有着特殊的关系,但并非只与它们有关。

① 附录Ⅱ中有关于这类研究的一些建议。

第二部分

事实分析

第七章　导致世界经济大萧条的过度负债

战争与新时代

支撑任何一次战争都需要数额巨大的资金。在战争耗费了大量资金后，战后的重建也需要大量的资金。无论是在破坏还是在重建的过程中，私人资金（同公共资金一样）都会参与其中；因为在现代战争中，非战斗人员只是一个名义上的概念。实际上，几乎所有的私人企业都会被征召为战争提供物资。很多企业都需要借款，而在战后，它们又大都需要进行重新调整，这也会牵扯到借款的问题。

战后，世界经济出现了一次令人欣喜的反弹。欧洲似乎正在恢复元气。不会再有战争爆发了。各行各业的人都备受鼓舞。另外，战争还促使很多新发明源源不断地出现，其中一些不只具有破坏性，以后还可以被应用于和平目的。因此，战争极大地推动了发明创造精神的弘扬。在美国，发明创造几乎成为一种行业，像大规模生产这样的活动都与其有密切关系。很多原本在学术研究领域并没有很高知名度的实业巨头都开始建立自己的实验室（在数量上和质量上都超过了大学所能达到的最高水平），并聘请大学教授来运营管理。一份在大约600家工业企业中所展开的调查显示，它们中的大多数都建立了自己的实验室。与之相呼应的是，在1920—1929这十年间，美国国内所授予的专利数量甚至多于这个国家在其建国后的第一个完整的世纪里*所授予的专利数量，其中1926年和1929年的数值最大。

此外，还有不计其数的技术革新没有被记录在专利局的档案里。电力、化工以及交通运输业实现了巨大的发展。道路建设也开始兴旺。科学管理揭开了一个新的篇章。效率工程师（efficiency engineer）终于显示出其真正的价值。人们开始谈论一个新时代的到来。

用借来的钱投资股票

同时，企业融资领域也出现了一种新的动向。从1921年到1929年，随着经济的日趋繁荣，新企业的融资越来越多地采取股票而非债券的形式。这种降低债券比例的策略会带来一种好的效应：它可以让企业少受债务的拖累；因此，尽管经济处于萧条时期，许多公司依旧在整个萧条过程中保持着大量股票发行的头寸。然而，伴随着债务负担由公司转移到个人，这种好处几乎被完全抵消。也就是说，为了购买股票，许多人都开始借债，于是就造成了这样一种局面：许多个人负债代替了以公司负债为形式的集体负

* 即1800—1899年。——译者注

债。而且,他们的借款类型都属于最高危险级别:基本上都是同经纪公司开立的保证金账户(margin account)*,而这些公司的贷款都是通知贷款。于是,在由普通股所构成的企业股份之上,又叠加了一层主要由保证金账户和经济人贷款所构成的股权结构。

一些著作和文章中所发布的大量统计研究也助长了人们对于股票投资的这种偏好,这些研究告诉人们,在过去,债券为投资者所带来的收益低于分散化的股票投资组合所带来的收益几乎是一种常态。[①] 如果情况不再向前继续发展,那么这些研究所产生的效应可以说完全是积极的,因为那样的话整体的债务负担确实会小于债券作为人们主要投资方式时的情况;但是,随着事态的发展,债务在规模上却变得越来越大,其种类也越来越不稳定。

这种新的动向因信托投资的形成而被进一步加剧。信托投资机构的主要业务是将客户的资金分散化地投资于各类股票。这些信托机构如同雨后春笋般迅速发展起来,很快就演化成了一种疯狂。许多信托企业依靠借来的资金进行运营,因此其资本金非常不稳定;而作为这些资本金所有者的个人同样也是使用借来的钱进行的投资,这又进一步推高了债务层级——权益上的权益。

* 亦作透支账户、信用账户。投资者在证券公司开设的一种账户形式。通过该账户,投资者可以用股票做抵押,按账户资产总市值的一定比例借用证券公司资金进行投资。如果市场出现下跌,股票市值达不到抵押的最低标准,投资者必须追加保证金或抛售股票。在美国,透支账户由联邦政府法规管辖;联邦储备局会对透支比例做出特别规定。——译者注

① Edagar Larence Smith 所撰写的优秀著作 *Common Stocks as Long Term Investments*,造成了比较大的影响。

造成的诸多影响

以投资为目的的过度负债之所以会大行其道，投行（包括投行的下属机构）销售人员的鼓吹和煽动是一个非常重要的原因。在这一问题上最有发言权的一位学者曾经这样写信告诉我：

> “我认为美国的投资银行是造成这种局面的罪魁祸首。我不打算谈论在它们将债务逐渐吹大的过程中，经验的欠缺、能力的不足、态度的疏忽以及诚信的缺失究竟起了多大的作用，但我想说的是，所有这些因素在战后的这些年间美国人为住房进行贷款融资的过程中都表现得非常明显。在寻求发行新的金融产品以满足饥渴的公众的过程中，对于债务人偿还能力的漠视，对于可能引发有意愿且有能力的国外债务人清偿债务的漠视，以及对于相关证券持有人现有股权需要重组和合并的漠视，构成了这一时期美国融资贷款市场的主基调。在这一时期，起主导作用的决定因素在于‘所发行的产品是否能够带来可观的利润’。”

当然，一些企业的不诚信也是造成这种状况的一个原因，而这也是繁荣时期的一个特征。

此外，美国的公众虽然缺乏投资经验，但由于在第一次世界大战时曾向美国政府提供资金，因此其投资热情被点燃了。不同于以往的战争，此次战争并非单独由银行家和富人来资助。几乎每个人都进行了投入，甚至达到了发行“婴儿债券”（这也是一个新概念）的地步。在战前，人们根本不了解“投资”是什么玩意儿，而突然之间，他们竟成了骄傲的证券持有者，而且还经常借钱来购买这些证券。

而后就出现了资本利得税（capital gain tax），并被错误地归入收入税中。在市场上涨时期，这种资本利得税会使持有上涨股票的投资者在卖出股票和将收益重新投入市场时迟疑不决；因为投资者清楚，如果他卖出股票，那么他资本金增长中的很大一部分都要被国税局（Internal Revenue Office）抽走。因此，他会一直握住他的股票；而为了把他赚得的这部分收益投资出去，他就会借款——用他升值的股票来购买其他证券。

这种借款热所带来的后果就是使存款货币的数量出现了稳步、大幅的增长。企业的利润上涨，股票市场的价格指数也上涨。这些都是不祥的征兆。

平稳的商品价格水平

然而，一种警告却未能出现——商品价格水平并没有上涨。

因此，批发商品价格指数并不总是一个非常可靠的能够代表货币和商业发展动向的指数。在1923—1929年间，一条介于平缓的商品价格水平曲线和向上陡峭攀升的股票市场价格曲线之间的曲线其实是更为接近于现实情况的。卡尔·斯奈德博士曾经设计了一个“总指数”，该指数可以体现所有可得到的价格类别，包括股票和债券价格、批发商品价格、零售食品价格、租金和工资率。这是一个非常优秀的指数，但目前，它必须要以一些不太可靠的数据和“权重”为基础。因此，在目前，批发价格指数尽管有其理论上的不完善，但仍被普遍看作是最好的价格指数。在第一次世界大战期间及战后，它非常精准地反映了通货膨胀和通货紧缩的状况。如果说它在1923—1929年这段通货膨胀时期的表现不是太好的话，那么其中的一部分原因在于贸易水平随着通货膨胀而增长，而另一部分原因则在于科技进步降低了成本，使得许多生产厂商可以在不索要更高价格的情况下就能得到更高的利润。例如，从1925年第三季度到1929年第三季度，163个工业及杂类公司的季度利润增长了75%。在这一时期，商品市场和股票市场有出现分化的倾向：由于成本的降低，商品价格出现下降；而由于利润的提高，股票价格出现上涨。一句话，这是一个特殊的时期，一个真正的“新时代”。

投资于海外市场

然而，从事投资与投机的美国人绝不会满足于国内市场。处于战后重建阵痛期的欧洲国家和南美洲国家都急需得到资金，而美国人提供了其中的大部分——给他们的国家、他们的市政当局以及他们的私人企业。根据英国国会一名议员的说法，在1931年以前的60年间，英国的投资者已经因为此类贷款而损失了100亿美元。[①] 然而，一战后，经验欠缺的美国投资者挺进这一领域并成为领头羊。在战争期间，美国人已经借给了协约国大量资金。战

① *United States Daily*, March 18, 1931, “Foreign Lendings in 1930.”

后，我们继续着资金的借出，并把钱借给德国，而实际上，德国就是用借款来支付战争赔款的。

通过这种方式，美国推动了这种不健康的繁荣在其他国家的形成，或者说加剧了这种不健康繁荣的态势，这使得我们的邻居和我们自身都陷入了一种即将崩溃的境地。我们为之做出重大贡献的重建过程包含了很多的铺张浪费。中欧国家的很多市政体育场和游泳馆即使不是像被人们经常指责的那样完全是靠借债才建起来的，它们也还是挤占了用于其他市政目的的资金，从而令这些国家依然要靠借债来达成这些目的。1927 年，协约国的战争赔偿代理人 S. 吉尔伯特·帕克(S. Gilbert Parker)对于德国过量借债和提高政府工作人员工资的行为提出了抗议；而德国银行(Bank of Germany)的总裁沙赫特(Schacht)博士也对其国人的行为发出了谴责。他说："靠着从美国人那里借来的钱，你们活得如同富人一般。靠着这些借来的美元，你们每个冬天都去里维埃拉(Riviera)* 度假。如果你们借钱是用来改进生产设备，那么这无可非议，但当你们只是把从美国人那里借来的钱用在奢侈品支出上时，你们的这种举动就相当愚昧了。这会让个人破产，对国家来说也是一样的。"①

---

* 地中海沿岸区域。包括意大利的波嫩泰、勒万特和法国的蓝岸地区。北部因有海滨山脉和利古尔诸山作为屏障，冬季温暖多雨，夏季炎热干旱，但从全年看，阳光充足，降雪日和阴雨日都很少。由于受这种地中海式气候影响，区内植物种类很多，花卉四季均可栽种，岸边景象嵯峨壮丽，海上风光吸引着众多的游客来此度假避寒。——译者注

① 参见 *What Makes Stock Market Prices*, by Warren F. Hickernell, Harper & Bros., 1932。

但其实把钱借出去也是一种挥霍浪费的行为；从这个意义上来讲，美国也相当地浪费，我们的银行家和投资家本应该因为这样的行为而遭受谴责。然而，我们的经济和政治领导人不但不以为耻，还反以为荣地吹嘘说，纽约已经取代了伦敦成为世界的金融中心。

各种各样的借款活动

长期以来，美国农民一直处于一种过度扩张的状态下。在“打赢与小麦的战争”的口号和战时通货膨胀的推动下，美国农民用借来的钱为自己业务的发展提供了资金；而后，伴随着战后的通货膨胀，他们又用借来的钱购买机器并以其他方式进行扩张。

最后要说的是，在各领域的经销商的推动下，分期购买开始以一种史无前例的规模发展起来，这些领域包括住房、汽车、无线电装置、家具、冰箱、真空吸尘器、洗衣机，以及皮衣和其他服装。

赔　款①

在1918年达成停火协议后，随着离凡尔赛和平会议的时间越

① 附录Ⅲ中给出了比较完整的债务数据，其中还有图表和资料来源。关于德国的赔款，参见 Keynes, *Economic Consequences of the Peace* and *A Revision of the Treaty*；James W. Angell, *The Recovery of Germany*（Yale University Press, 1929）；*New York Times*, June 14, 1931, “German Reparations and Allied War Debts” by Edwin L. James, and November 1, 1931, “The War Debt Puzzle” by Charles Merz。

来越近，最为协约国所普遍接受的计划便是从战败国那里获得尽可能多的赔款。所谓的“战败国”，实际上指的就是德国，因为它的财富和资源要远远多于奥地利、保加利亚和土耳其。曾有传言说，一位英国的金融家预测德国的赔款在1,000亿—2,000亿美元之间。[①] 即便是在凡尔赛和约签订后、赔偿委员会做出评估前，协约国各国的财政大臣们还在议论这个数字可能是750亿美元。[②] 实际得出的评估值(1921年)是330亿美元——这仍然是个庞大的数字，凯恩斯(Keynes)先生曾经指出，这个数额可能会让德国违反停火协议。事实证明，这么大的数额是很难管控的。在协约国与德国之间召开了几次会议，且后来又经过了道威斯和杨格委员会(the Dawes and the Young Commissions)的多次磋商后，一张支付赔款的时间表终于被拟订出来：赔偿的履行从1930年开始，一直持续58年。如果按照这个计划来支付赔款的话，那么德国总的赔款支付额将达到275亿美元。而如果按照5%的贴现率将其贴现到1930年的话，那么这一数额将只有大约90亿美元。[③] 一直到1932年，德国都是靠借款来支付赔款的；即使是这样，德国还是提出请求，要延期偿付。[④]

---

① 参见 Keynes，J. Maynard，*Economic Consequences of the Peace*，p. 141 (American Ed.)。

② Keynes，J. Maynard，*A Revision of the Treaty*，p.39 (American Ed.).

③ 大多数用来抵消赔款的实物此时已经被运离德国。

④ 1932年7月12日，在瑞士洛桑，这种情况发生了变化(在战争赔款促成了危机之后)。

美国所拥有的政府间债权①

到 1920 年，美国政府发放给 22 个国家的贷款数额总计已接近 100 亿美元。1929 年，债款本金加上逾期未还的债款（不包括 5 个没有与之进行债务结算的国家）达到 116 亿美元。通过将本金和利息（220 亿美元）的偿还期限规定为 62 年这样一个较长的时间跨度（同时也降低了利息），我们实际上把债款的数额减少到了一个非常小的现值水平上——大约 59 亿美元（如果按照 5%的贴现率贴现的话）。但名义上，1929 年时的本金依旧没有改变，还是大约 116 亿美元。

战争赔款及这些政府间债务只可以以商品的形式支付；但美国却通过对这些商品加征特别关税的形式，故意令这种以商品来支付的形式变得困难重重，然后再授予这些国家延期偿付权。

1932 年的情况是，美国的私营部门把钱借给德国，德国用这笔钱向协约国支付赔款，而协约国则须用这笔赔款来偿还它们欠美国政府的债务。

国际私人债务

国际私人债务指的美国的私营部门向外国的借款者（包括私

① 参见 1927 年的财政部部长年度报告，p. 630，及后续报告；另见 *New York Times*, June 14, 1931, Edwin L. James 所撰写的文章“German Reparations and Allied War Debts”，以及 *New York Times*, November 1, 1931, Charles Merz 所撰写的文章“The War Debt Puzzle”。

人借款者和政府机构借款者)所发放的贷款。在美国,这种类型的对外投资是从1912年开始显著增长的,从1912年到1931年增长了八倍,而从1922年到1931年增长了89%。这种向国外放债的规模并没有随着1929年的到来而停止增长。1929年,危机爆发这一年,这个数字约为140亿美元,加上政府的对外借款,该年美国的对外投资总额超过了250亿美元。

美国国内的公共债务

美国国内的公共债务水平不仅在过去一直处于增长中,而且在1929年以后还继续保持增长态势。从1915年到1919年,联邦、州及地方政府的债务总额增加了5.5倍,而后,到1932年,又进一步增加了14%。[①] 到1931年年末,公共债务总额达到接近340亿美元,人均超过271美元。但在1929年,危机爆发那一年,这个数字大约为300亿美元:州和地方政府债务达134亿美元,联邦政府债务为大约169亿美元。

其他国家也有数额不菲的公共债务,大都是战争遗留下来的。即使是中立国家也未能幸免于此类债务。

美国国内的私人债务

从1910年到1928年,农产抵押(farm mortgage)贷款额增长

① 然而,如果以人均来计算的话,那么这种增加的态势到1919年就停止了。

了超过 2⅔ 倍；尽管在这一时期（包含一次通货膨胀和一次通货紧缩）农产的估值实现了一个净增长，但抵押和未抵押的农产的净权益（net equity）值却从 1910 年的相当于总估值的 90% 下降到了 1928 年的相当于总估值的 78%；总的债务负担大约为 95 亿美元（1928 年和 1929 年）。

1929 年的其他农业相关债务大约为 19 亿美元。

根据不完整的数据所做的粗略估计显示，从 1920 年到 1929 年，城镇抵押贷款的数额增长了三倍多，1929 年达到 370 亿美元。①

1929 年，基于人寿保单的债务额为大约 24 亿美元。

1919 年的企业长期和短期负债约为 760 亿美元。

关于分期付款购买，则只有最为粗略的猜测。据塞利格曼教授猜测，1926 年约有 22 亿美元未清偿的分期付款购买形式的债务。而 1929 年，这个数字约为 30 亿美元。

美国的银行贷款和银行贴现数额从 1914 年 6 月到 1929 年 10 月几乎增长了三倍；如果从 1917 年 6 月算起，增长了两倍；从 1922 年算起，增长了 50%；从 1926 年算起，则增长了差不多 15%。如果从货币监理署（the Comptroller of the Currency）所报告的总贷款和贴现额中扣除经纪人贷款，我们就得到了 1929 年达到峰值时的商业银行贷款额——390 亿美元。

① 以 Metropolitan Life Insurance Company 的 W. A. Berridge 对 1932 年的数据的估计为基础。

经纪人贷款

1921年是一次短期萧条的低谷期。股票市场中到处是廉价的股票。大约在1923年，股票市场开始了一波始无前例的牛市行情。在理想情况下，如果一个投资者于1926年购入了一个普通的投资组合，并一直持有至1929年9月7日，他所投入的100美元会变成200美元——这一切就发生在三年之内。而如果他是从1913年入市，并采取同样的一直持有策略，那么他所投入的100美元则会变成400美元。大概就是在这一时期，已然成为一种热潮的投资信托演化成一个被吹大到极致的泡沫。在1929年的前9个月里，投资信托公司的数量便从200家猛增到400家，吸纳了10亿美元的客户资金——此前已经吸纳了20亿美元。7月，它们发行了2.22亿美元的证券；8月，发行了4.85亿美元；9月，发行了6.43亿美元。

经纪人贷款自然也与此保持同步增长。从1928年10月到1929年10月4日，经纪人贷款增长了50%，达到了创纪录的峰值——约为95亿美元。这其中包括很多违规贷款，此类贷款在上述峰值时曾经是份额最大的一个部分。①

① 从1928年10月3日到1929年10月4日，各类证券贷款的总额增长了36%，并于1929年10月4日这一天达到了峰值——接近170亿美元。

1929 年债务情况总计

经纪人贷款	95 亿美元
商业银行贷款	390 亿美元
创造了信用货币的所有可分离债务的总额	485 亿美元
其他国内私人债务	1,298 亿美元
国内私人债务总额	1,783 亿美元
我们的公共债务以及美国国内未结清的外债	556 亿美元
美国国内各种债务总计	2,340 亿美元

至于世界上的其他国家，它们的国内和国际债务加在一起，包括赔款在内，要远比我们美国的负担沉重得多。

黄金与债务

然而，上面这些关于总额的数字并没有告诉我们一个非常详细的情况。我们可能还记得前面曾经提到，过度负债可能会让债务人或债权人感到恐慌（对我们来讲，主要的债权人就是商业银行）。可能会令债务人感到恐慌的重要信号是价格水平的下降，因为这限制了他们偿还债务的能力；而可能令放贷银行感到恐慌的则是黄金供应量的减少，因为这会限制银行延长债务人还款时间的能力。黄金是唯一的一种国际货币；在世界大战期间，纸币和信贷的膨胀会将黄金驱逐出这些纸币国家并迫使这些国家放弃金本位制，而同一时期的美国却因为涌入了大量被廉价的纸币驱赶出欧洲的黄金，而出现了严重的黄金膨胀。战后不久，就出现了对于黄金短缺的抱怨声音，这明白无误地告诉我们，价格水平并没有充分地回落到一个能让各国普遍回归金本位制的水平上。而各国都试图回归金本位制引发了一场“对于黄金的狂热争夺”，这使得黄金在许多国家要么变得稀有，要么继续保持在一种本已稀有的水平上——尤其是在那些债务国。

而债权国相对来讲则比较幸运；至少，毫无异议的是，债权国之一的法国出现了黄金过剩(gold surplus)的情况。而普遍的观点认为，同样的情况也发生在美国。尽管许多美国人包括许多美国的银行家都完全认为这是真的，但这个观点其实只是部分正确的。黄金在第一次世界大战期间流向美国，因为此时其他国家都放弃了金本位制。但是利用这些黄金，我们迅速地建立起了这样一个信贷结构，并把价格水平提到了一个如此高的程度，以至于我们不得不将几乎全部的黄金储备作为基础。的确，在1920—1922年间，美国出现了一个短暂的黄金过剩期，但很快，我们的商业结构和信贷结构的大幅膨胀便令我们本打算让一部分黄金不进入流通或所谓将其“绝育(sterilized gold)”* 的想法或多或少成为了泡影。虽然我们是一个债权国，但由于我们从债务国那里不仅没有收回多少贷款，相反，我们还向他们发放新贷款，而且新贷款的数额甚至还超过了他们已经偿还给我们的数额，因此我们实际上并

* 在金本位制下，黄金的输入将使通货供给量增加，导致通货膨胀，物价上涨。为了防止此种问题发生，必须阻止黄金流入对通货及物价上涨的影响，因此美国财政部于1926年采取了卖国债以收购黄金，将黄金入库的举措，这些入库的黄金便被称为“绝育的黄金”。——译者注

没有多少黄金储备。美国的许多黄金要么是被打上了属于欧洲的标记，要么至少是被加上了可能会被随时取走的限定——因为我们与国外之间的短期信贷。

如果我们早将所有这些已经从欧洲流向美国但注定最终还是要流回欧洲的货币隔离开来并划定为“游资(refugee money)”，然后将它们送回原地或者指定它们的用途，那么美国黄金过剩的这种虚幻场景便不会出现。我们本不应该与欧洲之间有这样数量庞大的资金融通，这对我们双方都不利，换句话说，即便是我们之间有这样的资金融通，我们所签订的合约也应该能够合理地保护我们免遭黄金撤出美国的风险。

这样来看，尽管我们所拥有的黄金数量很庞大，但其中我们可以自由使用的黄金数量并没有大到足以支持以它为基础的信用货币的更多发放。

在 1923—1924 年间，联邦储备委员会颁布了一项政策，该政策旨在“遣返”美国所拥有的一部分黄金。由于战争的原因，英国脱离了金本位制，但此时的英国想重新回归；为了达到这一目的，英格兰银行通过提高利率吸引黄金的回流，而联邦储备委员会则通过降低美国的利率对英格兰银行的这一举措进行了积极的配合。通过这种方式，美国所拥有的黄金数量在 1925—1928 年间减少了 422 亿美元，而在同一时期，其专用黄金(ear-marked gold)的数量从 130 亿美元增加到了 350 亿美元。

而且，利率的下降还刺激了纽约股票市场上的投机行为。总之，我们主动削减了我们的一部分黄金基础，同时在原来黄金充斥的领域建立了一种债务结构。

数以亿计的债务加上不牢靠的黄金基础，这两个因素共同促成了 1929 年的经济崩溃。

第八章　1929—1932年的世界经济大萧条

概　述

对于发生于1929—1932年间的世界经济大萧条，汉森教授曾经这样说道："正如约瑟夫·熊彼特教授所指出的那样，1930年这一年不仅进入了长周期（康德拉季耶夫提出的）中的下降期，而且也位于中周期（朱格拉提出的）的下降阶段，同时，该年中的一段时间（可能是下半年）还跌入了40个月的短周期（珀森斯和米切尔提出的）的谷底。这三种周期会聚于1930—1931年，解释了这次萧条如此严重的部分原因。"①

本书并不是试图论证过度负债是1929—1932年间经济大萧条的唯一解释，甚至并不认为过度负债以及由此而引起的通货紧缩是导致这次萧条的全部诱因。例如，南美地区的革命、中日之间的战争以及希特勒在德国所从事的一些活动都既是这次萧条产生的原因又是其所导致的结果。汉森教授将此次萧条之所以如此严

---

①　*Economic Stabilization in an Unbalanced World*, by Alvin Harvey Hansen (Harcourt, Brace & Co., 1932), p. 95.

重主要归因于通货紧缩、国内资本流动以及关税。无疑，这个表单是可以扩充的。但在我看来非常可能的情况是，过度负债和通货紧缩是非常重要且事实上起决定作用的因素。

我们不敢确定此次萧条是有史以来最为严重的一次，因为任何一次萧条都有可能被与其处于同一时代的人们称为“最严重”。这种情况还曾出现在 1819 年、1837 年、1857 年、1873 年和 1893 年。维克多・克拉克（Victor Clark）教授的报告指出，在 1816—1819 年的费城，30 个领先的制造部门（主要是棉毛相关行业）所雇用的员工数减少了 75%以上。

美国股票市场[①]

此次世界经济大萧条在美国最早的征兆出现在 1928 年和 1929 年的两个夏天。在 1928 年夏天，建筑活动开始下滑。1929 年夏天，生产、贸易和就业整体上来讲开始出现下降的趋势；7 月份以后，物价水平也加入到下降的行列中。然而，这些不好的征兆却被人们普遍忽视了，而此时的欧洲在这些指标方面则出现了更为显著的下滑，但却同样也没有引起人们的充分注意。在美国，第一个警示人们萧条即将来临并真正引起人们警觉的是纽约股票市场的崩盘。

图 1 和图 2 分别给出了股票市场短期和长期的历史走势。图 1 表明，尽管商品价格水平保持稳定，但股票市场价格水平却持续

① 参见 *The Stock Market Crash and After*, by Irving Fisher (MacMillan, 1930)。

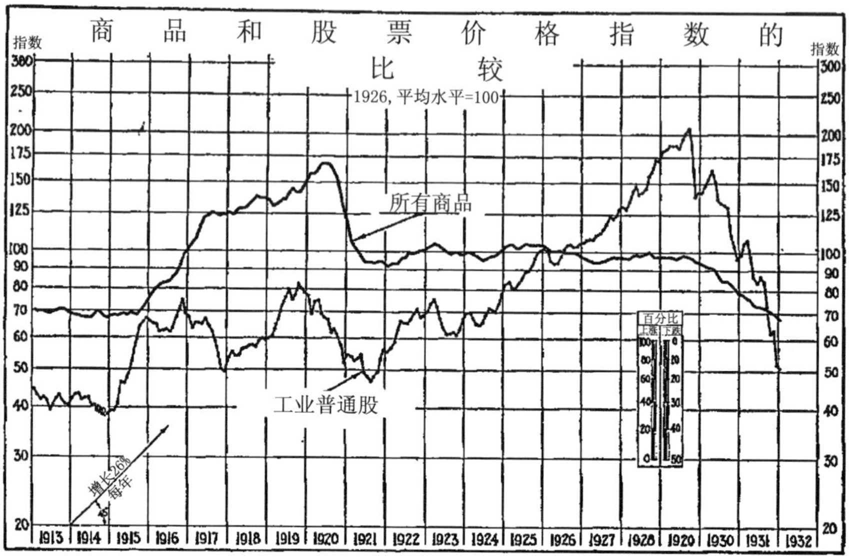
商品和股票价格指数的比较
1926，平均水平=100
指数
所有商品
工业普通股
增长26% 每年
百分比
上涨
下跌
1913
1914
1915
1916
1917
1918
1919
1920
1921
1922
1923
1924
1925
1926
1927
1928
1929
1930
1931
1932

图 1

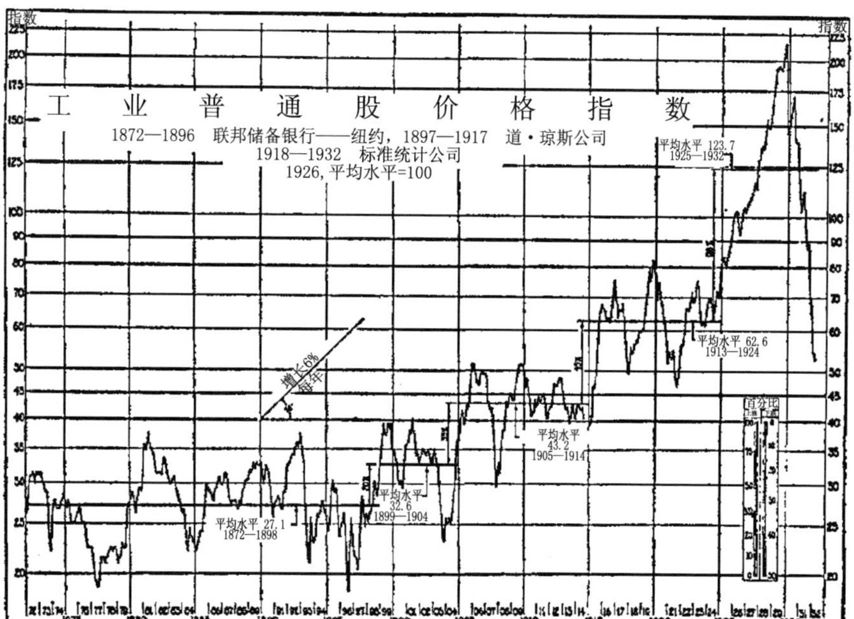
工业普通股价格指数
1872—1896 联邦储备银行——纽约，1897—1917 道·琼斯公司
1918—1932 标准统计公司
1926，平均水平=100
指数
增长6% 每年
平均水平 27.1
1872—1898
平均水平
32.6
1899—1904
平均水平
43.2
1905—1914
平均水平 62.6
1913—1924
平均水平 123.7
1925—1932
百分比
1875
1880
1885
1890
1895
1900
1905
1910
1915
1920
1925
1930

图 2

飙升。1928 年，联邦储备委员会通过多次逐步提高再贴现率试图控制这一投机风潮，一次 0.5 个百分点，从 3.5%提高到了 5%，但毫无收效。1929 年 8 月 8 日，再贴现率从 5%被大幅提高到 6%。这使得股票市场出现了一次不祥的下跌，但下跌时间很短，随即就迅速反弹，到 9 月 7 日，市场达到了最高点。

经纪人贷款，或者更准确一点儿说是作为其基础的保证金账户，具有极高的不稳定性，因为债权人可以在不事先通知的情况下要求收回贷款。拥有保证金账户的人总是充满了焦虑之情。这种账户所构成的金字塔既不稳定又非常高。仅仅需要外来的一个推手便可以将贷款和价格水平送入谷底深渊。

然而却出现了两个推手——全都来自英国：一个是在 9 月 20 日，另一个是在 9 月 26 日。

此时的英国股票市场也刚刚经历了一波牛市行情。在这次行情中，克拉伦斯·哈特利（Clarence Hatry）不计风险地融资收购了大量企业，结果很快，他就发现如果不采取造假的办法，他的金融帝国便难以为继了。然而，这一权宜之计在 9 月 20 日那天葬送了他——在这一天，他陷入绝望困境的消息被市场知晓，他的七家上市公司都被伦敦证券交易所暂停交易。随后，他宣布破产，而他的破产令投资者损失 6,700 万美元。在他于 9 月 20 日宣布破产后，持有其公司股票的投资者为了生计不得不卖掉他们在美国股市的股票。这一坏消息以及因此而导致的很多英国人在纽约股市上的卖出行为，加上其对纽约市场价格所产生的轻微的压力，构成了第一个推手。

与此同时，虽然英国此时已重新回归金本位制，但它仍在谋求从美国获得大量的黄金流入。9月26日，英格兰银行的贴现率被提高到6.5%的水平。当时的情况是，美国股票市场的价格已经相当高，以致一流股票的收益非常低。这样，英国不需要提供一个太高的利率便可以吸引那些投资于美国的英国投资者卖掉他们所持有的美国股票并将所得到的收益在伦敦出借。于是，英格兰银行的这一举措在纽约证券交易所里引发了一场抛售股票的效应。这是第二个推手。随之而来的①便像一个退休的纽约经纪人所说的那样："这标志着新时代牛市的终结。"

恐　慌

9月29日，恐慌情绪开始出现。10月24日，1,300万股股票换手。许多人失去了一生的积蓄。另外一些人则买进了这些廉价股票，五天以后，他们也被市场所吞噬。那年的10月29日是纽约证券交易所经历的最为黑暗的一天。据说，当天市场上有100万人进行了交易。接近1,650万股股票换手。这一天，股票自动报价机显得如此迟缓和滞后。打个比方，某人以市价委托的方式卖出某一股票，轮到他的委托被执行时，他是按照40美元的价格成交的，而此时自动报价机显示的价格还是70美元。数十亿美元的市值一天之内便蒸发掉。

接着，第三个也是最后一个引人注目的日子来临了——11月

① *What Makes Stock Market Prices?* (p. 173) by Warren F. Hickernell (Harper & Bros., 1932).

13 日。联邦储备系统试图通过在公开市场上购买证券的方式来阻止股市的下跌；它还于 14 日降低了再贴现率，但效果非常短暂。持续了几周的暴跌终于在 11 月 13 日那天结束了，至此，股价水平已经下跌了 42%；在 10 月和 11 月这两个月期间，230 亿美元的市值灰飞烟灭。不过，这只是恐慌的结束，并不是股票市场下跌行情的结束。

1929 年 10 月 4 日，经纪人贷款开始显露出崩溃的迹象；接下来的时间里，崩溃的速度越来越快，据说，在短短的几周之内，便损失了 30 亿美元。[①] 到 1932 年 3 月，在经历了几次短暂的反弹之后，工业股票价格水平已经跌去了 77%，经纪人贷款则减少了 94%。

恐怕再没有比这次股市暴跌更好的例子用来解释股票市场贷款和股票市场价格水平之间的恶性循环了。伴随着每一次的廉价清偿，都会有价格水平的下降；而每一次价格水平的下降都会将新的一批人卷入到进一步的清偿过程中来，而这又会进一步降低价格水平，从而引发更多的债务清偿，如此循环往复。

商品市场上的早期苗头

股市崩盘后，大规模的债务清偿行为开始了。我不想武断地臆测美国的物价水平以及生产和就业水平在股市崩盘前就已经开

① 统计数据夸大了经纪人贷款下滑的速度，因为许多经济窘迫的贷款客户将他们的义务转移给了银行，期望再坚持一段时间，于是，这些短期贷款转变为定期贷款，而定期贷款的数量一直持续增长，直到 12 月份。

始下滑的原因。许多人将美国在这场现在被认为是一次全球大萧条的浩劫中的损失归罪于欧洲。当时的欧洲同美国一样处于过度负债之中，它们在这次大萧条中的损失超过了我们。从欧洲物价水平(既包括股票市场价格水平，也包括商品市场价格水平)的下滑中，我们可以很明显地看出这一点。欧洲大陆和美洲大陆之间的利益紧密相联，任何一方利益受损迟早都会波及另一方。但欧洲把萧条的罪过归咎于美国似乎就比较合理些。欧洲经济之所以会遇到困难，一部分原因在于其内部在政治上的相互猜忌以及一张关税的大网。这些困难并不完全是人们故意造成的，它们确实很难避免。我们没有帮助欧洲解决这些困难，而是从政治上抛弃了它们。然而我们并没有拒绝施以经济上的援手，但正如我们所看到的，这种经济援助有时对于双方来讲是既有益又有害的。

遵循着政府债务就如同在杂货铺欠下的债务这样的信条，我们从经济上加重了欧洲存在的缺陷。我们在竖起关税壁垒的同时要求欧洲偿还债务。此外，英国在1922年通过回收国库券和英格兰银行券(Treasury and Bank of England notes)，开始实施其灾难性的通货紧缩政策，准备按照战前英镑所代表的黄金重量重新采用金本位制(1925年)。结果，其物价水平被压制，工业被削弱，失业率上升。由于英国在世界贸易和金融领域中有着重要的地位，因此其物价水平的下降极大地加重了其他国家(包括一些欧洲国家和非欧洲国家)物价水平下降的程度。

除了这些对美国造成不利影响的非美国因素外，我们在一些基本商品，尤其是小麦、玉米、棉花、石油、铜、铁和其他初级农产品和矿产品领域都出现了过度生产的情况。过度生产还波及某些制造行业，最为明显的例子要数汽车、无线电和许多奢侈品行业。

但是在这个恶性循环中，哪个因素（商业银行的清偿行为还是物价水平的下降）率先启动是无关紧要的；同样，什么因素（无论远的还是近的）促发了它们的启动也是无关紧要的。它们甚至可以一同启动。但一旦启动，它们就注定要以一个恶性循环持续下去，而且彼此令对方加速。可以确信无疑的是，股票市场的崩盘会迫使我们整个债务体系的其余部分也进入清偿的轨道，而令人绝望的债务水平会使得经济体系的自我纠正变得异常困难。

商 品 市 场

现在让我们来讨论一下，股票市场崩盘以后接着会发生些什么。

首先，许多同时涉足股票市场和商品市场的人为了留住股票会卖掉他们的商品。其次，消费者会感到恐慌，从而减少他们的购买量——换句话说，就是降低他们货币的周转率或流通速度。正如我们已经看到的，商业银行里的活期存款会演变成存款货币。活期存款与商业银行的贷款数量并不完全相当，但大多数的活期存款是建立在商业银行贷款基础上的。除了在一些较短的时期外，这两个要素的运动方向大体上是一致的。紧跟着股票市场的崩盘，某些类别的活期存款会有小幅增长，但所有类别活期存款的流通速度都会降低。这种流通速度的降低不仅仅只适用于经纪人存款（brokers' deposit），纽约以外的那些地方（在这些地方，经纪人贷款并不是一个重要因素）的存款也同样适用。

1929年10月以后，作为大多数活期存款基础的商业银行贷款开始被清偿。商业银行贷款之所以会减少，可能是由于物价水平此前累计的跌幅所导致的，也可能是由于买方数量的突然不足或预期不足所造成的。这些商业银行贷款（包括经纪人贷款）[①]在1929年10月达到了峰值，此后对这些贷款的清偿行为就不断地持续着。这个清偿过程必然伴随着一些存款货币的减少。1930年上半年，活期存款和商业银行贷款共同下滑，但定期存款却呈现了增长态势；[②]而同期的储蓄存款则增长得更为迅猛。但1931年年中过后，就连定期存款也由于人们囤积货币而开始减少。

货　币

图3和图4非常清楚地说明了货币的数量和流通速度的变化。从1929年10月到1932年2月，联邦储备银行会员银行（来自包括纽约在内的141个城市）的存款货币从187.26亿美元跌落到147.89亿美元，下跌幅度达到21%，即期末的存款货币数量为期初数量的79%；而同期货币流通速度的下降幅度达到了61%，即期末的速度仅为期初速度的39%。于是，1932年维持物价水平以及生产、贸易和就业水平的存款货币的效率仅为1929年的31%。

当然，货币的其他元素所受的影响相对较小，但并没有足够详

① 但违规贷款并不包括在内。

② 参与调查的联邦储备银行的会员银行（member banks）报告的数据是：定期存款增长了5.7亿美元，活期存款减少了6.27亿美元。

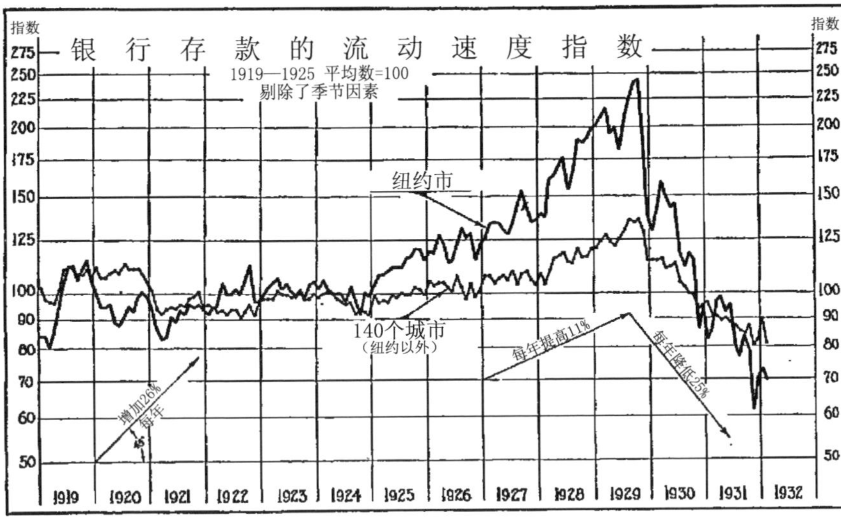
银行存款的流动速度指数
1919—1925 平均数=100
剔除了季节因素
指数
纽约市
140个城市
（纽约以外）
增加26%
每年
45°
每年提高11%
每年降低25%
1919
1920
1921
1922
1923
1924
1925
1926
1927
1928
1929
1930
1931
1932

图 3

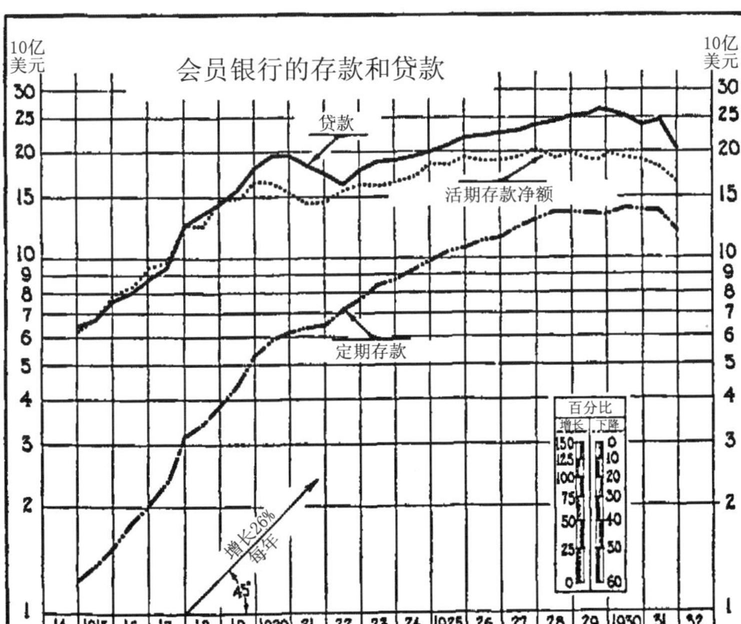
会员银行的存款和贷款
10亿
美元
贷款
活期存款净额
定期存款
增长26%
每年
45°
百分比
增长
下降
14
1915
16
17
18
19
1920
21
22
23
24
1925
26
27
28
29
1930
31
32

图 4

细的统计数字准确地告诉我们这些元素究竟受到了怎样的影响。“流通中的货币”(money in circulation)一词指的就是存在于美国的货币，但不包括存在于财政部的货币以及联邦储备银行或联邦储备代理机构所拥有的货币。然而，目前公布的所谓“流通中的货币”的数字或多或少都会被高估，因为其中总有一部分货币被囤积起来而根本没有进入流通。如果不知道这个概念所具有的欺骗性，我们就会认为 1930—1931 年流通中的现金是增长的，但实际上这个增长包含了联邦储备银行券(Federal Reserve notes)数量的增加。一项为期两个多月的研究显示，每年有大约 26 亿美元的货币被囤积起来。

这样，由于恐慌而造成的流通速度的放缓和由于清偿而导致的货币数量的减少使得物价水平下滑，这对商业债务人造成了极大的压力，于是引发了更大规模的清偿行为，而这又导致了物价水平的继续下降，由此又引发了更多的清偿和囤积行为，进而推动了物价更进一步的下滑，依此循环往复，进入了一个恶性螺旋式下降过程。

贸易和利润

图 5 表明，一些贸易要素自 1929 年夏天开始出现了掉头向下的态势。1930 年的一些初步数字显示，企业的利润率几乎已经同 1921 年的水平一样低了。[①] 1931 年第四季度，163 个工业及杂类

① “Corporate Earning Power” by Prof. W. L. Crum in *Corporate Practice Review*, January, 1932.

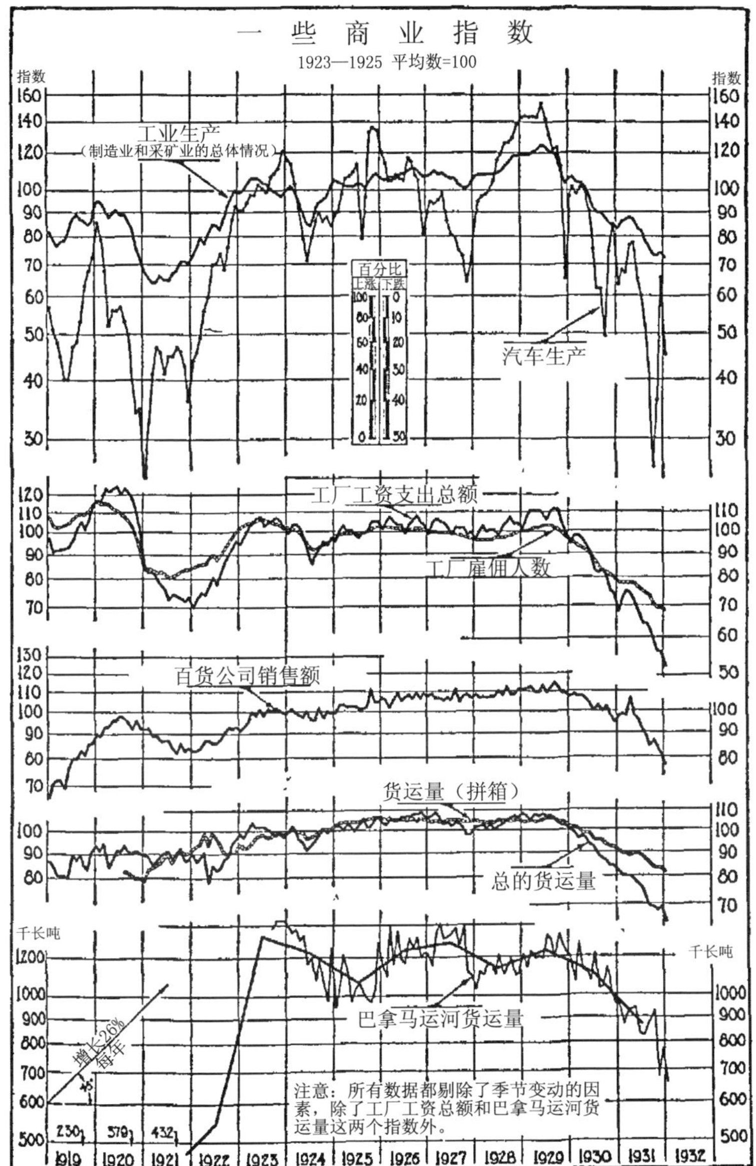
一 些 商 业 指 数
1923—1925 平均数=100
指数
工业生产
（制造业和采矿业的总体情况）
汽车生产
百分比
上涨
下跌
工厂工资支出总额
工厂雇佣人数
百货公司销售额
货运量（拼箱）
总的货运量
千长吨
巴拿马运河货运量
增长26%
每年
注意：所有数据都剔除了季节变动的因素，除了工厂工资总额和巴拿马运河货运量这两个指数外。
1919
1920
1921
1922
1923
1924
1925
1926
1927
1928
1929
1930
1931
1932

图 5

公司(这些公司在1925—1929年间的利润每季度增幅为75%)报告合计亏损100万美元。该类别公司及其他类别公司的利润情况请参见表1。

表1　企业净利润*(百万美元)

年份和季度	总计(500家)	电话公司(103家)	其他大型公用事业公司(63家)	一级铁路公司(171家)	工业及杂类公司(163家)
1925年					
1季度	603	44	165	205	189
2季度	660	46	148	234	232
3季度	767	45	138	359	225
4季度	781	51	181	334	215
各季度平均	703	47	158	283	215
1926年					
1季度	710	51	189	224	246
2季度	772	52	170	272	278
3季度	884	52	156	394	282
4季度	826	57	200	342	230
各季度平均	799	53	179	308	259
1927年					
1季度	745	59	206	227	253
2季度	779	59	185	247	288
3季度	819	56	169	336	258
4季度	739	54	214	276	195
各季度平均	771	57	194	272	249
1928年					
1季度	769	63	226	217	263
2季度	837	66	204	245	322
3季度	953	60	192	358	343
4季度	984	64	246	373	301
各季度平均	886	63	217	298	307
1929年					
1季度	937	70	263	260	344

（续表）

2 季度	1,031	68	245	304	414
3 季度	1,080	66	224	397	393
4 季度	945	72	275	314	284
各季度平均	998	69	252	319	359
1930 年					
1 季度	778	67	270	176	265
2 季度	805	70	259	200	276
3 季度	775	65	223	283	204
4 季度	683	68	273	226	116
各季度平均	760	68	256	221	215
1931 年					
1 季度	382	69	81	107	125
2 季度	441	72	78	132	159
3 季度	390	67	59	167	97
4 季度	267	64	79	125	－1
各季度平均	370	68	74	133	95

* 由联邦储备银行根据 500 家公司的季度净利润报告编撰而成，这 500 家公司包括 103 家电话公司、63 家其他公用事业公司、171 家一级铁路公司、24 家汽车及汽车配件公司、18 家石油公司、13 家钢铁公司、22 家食品公司、20 家金属及采矿公司、15 家机械制造公司和 51 家杂类公司。

形 势 好 转

就在 1930 年股市崩盘开始前，胡佛总统将一些商界和银行界的大腕召集到一起。摩根先生和福特先生也在其中。福特先生将股市崩盘的原因归结为商业的萧条。他建议不要降低物价水平，而应提高工资水平。胡佛总统则提议应该鼓励公共建设和私人建设。1930 年年初，股市开始有些起色，而对前景看好的预言此时也开始充斥市场。商品价格水平出现了短暂的上涨（从 1929 年 11 月最后一周到 1930 年 1 月中旬）后立刻恢复原来的跌势，且一直跌跌不休，除了在 1930 年第三季度出现了一段横盘走势外，1930 年年初的其他商业要素也出现了向好的态势，如股市、存款流动速度、生产和工资总额等等，但就业状况除外。市、州及联邦政府都采纳了胡佛总统的建议；而福特先生采纳了他自己的建议。但不久，福特先生就不得不解雇了他的几千名员工，后来又降低了他所支付的工资率。尽管市、州和联邦政府都做出了很大的努力，但经济形势向好的态势还是很快便终结了。而随之而来的下滑之所以呈现出加速的态势，很可能是由人们对于希望落空的反应所致。

就在 1931 年之前，经济形势向好的预言非常流行，但这种声音并不是非常自信的。这一次，价格水平并没有什么反应。但在 1931 年 1 月，上面提到的那些因素——股市、存款周转率、生产和工资总额都同样出现了向好的态势，这种向好主要是由贷款和百货公司销售额增长所致。就业率连续五个月停止了下滑的态势，但也没有出现上升。

恶性循环的国际加速器——1931 年

美国于 1930 年 6 月颁布的霍利—斯穆特关税法（Hawley-Smoot tariff）* 招致了其他国家极度的怨恨，并在加拿大以及别

* 1930 年 6 月 7 日，美国总统胡佛签署了国会通过的霍利—斯穆特关税法，提高 75 种农产品和 925 种工业品的关税率，整个关税的平均税率由 33% 提高到 40%。结果导致德、意、加、西等国以牙还牙，纷纷高筑关税壁垒，激烈的经济战使世界经济秩序陷入混乱，萧条阶段被延长。——译者注

的一些地方引发了报复行为。1930 年 12 月，所谓的美国银行(Bank of United States)——一家位于纽约市郊区的小银行——倒闭了。许多欧洲人误以为是美国联邦储备局倒闭了——美国联邦储备局在美国的地位相当于英格兰银行在英国和法兰西银行在法国的地位。于是，欧洲的信心动摇了。

1931 年 3 月。当时几乎已经破产的德国和奥地利于 1931 年 3 月寻求建立一个关税同盟(Anschluss)，然而，这一合理的经济举措却遭到了来自法国、意大利和捷克斯洛伐克的政治上的反对。这些国家害怕德国同奥地利之间搞政治同盟，并宣称关税同盟威胁到了奥地利的独立，而这违反了国际联盟(League of Nations)近期向奥地利发放的贷款的条款。

1931 年 5 月。迫于国际政治的压力，这次基于经济逻辑的联合行动以失败而告终，这使得奥地利很快就发生了严重的危机。其影响力最大的一家银行安斯塔特信用银行(Credit Anstalt)由于受到被冻结资产的拖累，无法履行其义务，于 1931 年 5 月破产。这是一家大型银行，它的倒闭令德国和英国都陷入了困境。

1931 年 6 月。奥地利的各家银行都开始遭受挤兑风潮的袭击，这种挤兑行为也蔓延到了其他国家。很多国家都出现了大量提取黄金的行为，最终使得所有东南欧国家的金本位制度都受到了严重威胁。美国的银行和投资者也被卷入其中，挤兑金额达 1 亿美元。一群国际银行家开始了拯救行动，他们将他们的短期贷款延长了两年，奥地利政府也许诺，保证安斯塔特信用银行的债务全部可以得到偿还。

然而，与此同时，本已由于奥地利所陷入的困境而遭受严重打击的德国更是雪上加霜，因为他们的黄金都流向了法国。德意志帝国银行(Reichsbank)*因此而损失了2.27亿美元。同时，有2亿美元德国的资金，都从不稳定的马克兑换成了其他国家的货币。1931年6月，胡佛总统自告奋勇地提出主张，政府间的债务全部延期偿还。然而，法国政府和法国的银行再一次表示出了犹豫不决的态度，这导致了对于延期偿还条款漫长而激烈的讨论。因此，尽管最终这一提议得到了通过和施行，其效果却大打折扣。

1931年7月。英格兰银行开始出手拯救德意志帝国银行。7月，德国的一家大型银行darmstädter und nationalbank倒闭，这使得众多的法国银行发生恐慌，它们竞相从英格兰银行提取大量的黄金，而此时的英格兰银行为支持德国的信贷和工业已经受到了严重拖累。

1931年8月。[①] 维金委员会(Wiggin Committee)——一个国际银行家委员会，会议地点在瑞士巴塞尔——于4月18日报告说，除非拿出切实可行的办法解决德国的债务问题，否则世界是不可能恢复永久繁荣的。然而，除了英国的金融困境(主要因德国的金融困境而起)使得英国的黄金进一步外流外，其他什么事情也没有发生。

1931年9月。此时的英国已经是岌岌可危。尽管从南非的德兰士瓦(Transvaal)省运来了大量的黄金，尽管从法兰西银行和纽约的联邦储备银行得到了大量的信贷，英国还是于1931年9月

* 曾是德国的中央银行，建于1876年，1948年结束营业。——译者注

① 参见 *What Makes Stock Market Prices*? By Warren F. Hickernell, Harper & Bros., 1932, p. 186。

21 日宣布脱离金本位制，停止其黄金的支付。很快就有 23 个国家步其后尘，包括丹麦、瑞典、挪威、埃及、希腊、芬兰、罗得西亚(Rhodesia)*、玻利维亚、哥伦比亚和日本等等。而后，为了防止出现对英镑和英国证券的恐慌性抛售行为，世界各地的外汇交易所，除了美国、加拿大、法国和西班牙外，全部休市。

同样是在 9 月，美国国内的黄金也遭到了来自欧洲银行的大规模突袭(在某种程度上显然带有国际性质)，带头的是法兰西银行。而造成这次黄金大突袭的主要原因似乎就在于美国是德国和奥地利的主要贷款国。这次攻击的意图很明显，就是让美元丧失信用。流言到处散播，大概的意思是美国打算脱离金本位制，金元将会“贬值”或将由银元来替代。在 9 月最后的几天里，美国的黄金有些出口，有些被用于特定用途，导致联邦储备银行所拥有的黄金减少了 3.476 亿美元。自从上面提到的美国银行倒闭事件以来，世界就对美国丧失了信心。而美国现在也对自己和世界都失去了信心。人们都明白，上百亿美元的对外贷款(总数超过 250 亿美元)的大部分很可能永远得不到偿还了。已经有很多家美国的银行都倒闭了。而且众所周知的是，美国其他银行的情况也正变得越来越糟糕，它们的众多“附属公司”在股票市场上都跌得非常惨。

尽管欧洲对美国的突袭并没有造成真正的灾难，但美国的银行家和美国的存款人还是变得非常恐慌，致使囤积行为已经构成了对经济的一种威胁。黄金和联邦储备银行券被从流通中大量撤

* 津巴布韦的旧称。——译者注

回。从1931年2月到12月，联邦储备系统将联邦储备银行券的发行量增加了80%。之所以发行这么多纸币主要是由于银行破产造成的，因为银行破产导致了对现金的更大规模的使用。然而，在一波银行倒闭潮后，银行及其存款人开始了相互间的残酷挤兑，这使得新发行的联邦储备银行券失去了作用。

1931年10月。胡佛总统提议成立国家信用公司(National Credit Corporation)，旨在对中小银行实施帮助。该公司由各银行所组成。他还提议成立由政府资助的房屋抵押贷款公司(Home Mortgage Corporation)，以刺激住宅建设，这一提议后来被采纳。就在这一月，拉瓦尔总理访问美国并会见了胡佛总统。由于这些原因及其他原因，也许没有什么原因，10月份，希望又被重新点燃。股票市场也出现了一次弱势反弹(10月至11月)。

平衡预算

12月，胡佛总统开始施行其精心设计的、总体上来讲值得称道的救济计划，[①]但是为了适应迅速变化的形势的需要，每一步措施都过于谨小慎微，等这一计划被纳入法规时，已为时太晚。

(在我和许多其他的经济学家看来，)这个救济计划至少有一处可能的错误。那就是该计划企图平衡预算(因此这个目标并没有真正实现)。对普通人来说，一年进行一次预算平衡是一个不错的主意，他可以让你对收支进行调节。但政府的预算会对货币产

① 参见附录Ⅶ。

生影响，而且在不同时期（如战争、和平、繁荣或萧条时期）对于预算的要求也有很大差别。为了在萧条时期达到预算平衡的目的，政府需要强制施行节约并提高税收，然而这会减少政府的支出，而且（更为重要的是）会减少公众的支出，因为税收抽走了他们的部分收入。而这些都会拉低物价水平。

平衡预算的目的是为了防止政府更进一步的借债行为，从而避免公共债务的增加。然而，这一政策所必然引发的通货紧缩实际上会通过增加债务所包含的每一美元的负担而令实际的债务水平提高。只要有通货紧缩就一定会产生这样的结果，因此财政政策的制定者们不能不考虑他们的政策所产生的通货膨胀或通货紧缩效应。征税通常会带来紧缩，而借债通常会带来膨胀。

在第一次世界大战期间，尽管该时期处于通货膨胀阶段，而借债会火上浇油，但政府却采取了借债的政策。而在1932年——一个通货紧缩时期，政府却没有采取借债和膨胀性质的政策，而是采取了征税和紧缩的政策；此时，[①]每一美元的债务负担要比1929年高出60%。其实，政府本应该借债并将借来的钱支出去，从而促成通货再膨胀的形成并提高物价水平。物价水平的每一次上涨都会通过美元的贬值而降低实际债务，无论是公共债务还是私人债务。这将对商业构成刺激作用；此外，抑制物价水平的下降将会使企业和个人能够在以后的年份中更容易上缴更多的税款，因为那时可以用于征税的标的更大。你是不可能对真空征税的。

① 1932年6月的第三周。

一位对这一问题进行过专门研究的经济学家曾这样写信给我：

"高税率、开支的节俭以及停止借债应该是繁荣时期的标志性特征。低税率、大规模发行公债和增长的公共开支应该是经济不景气时期的标志性特征。"

"平衡预算"这一口号从心理上来讲是有着广泛的吸引力的；但从另一方面来看，在不远的将来将征收新税所造成的心理效应就如同加在纳税人身上的一个额外的负担。

最后要说明的是，赤字基本上是不存在的，因为政府将资本性支出(capital expenditure)当作费用来计算了。* 根据布鲁金斯学会(Brookings Institution)的鲁宾(Lubin)博士所做的计算，如果政府在计算自己账目的过程中使用了它要求企业在计算所得税时所采取的方法，那么于 1931 年 6 月 30 日结束的这个财政年度将不会出现赤字，而是会出现 1.09 亿美元的盈余。下一个财政年度则将会出现轻微的财政赤字。

关于九个主要因素的概括性总结

从 1929 年到 1932 年，本书中所讨论的九个主要因素的表现情况如下：

---

* 资本性支出是指取得的财产或劳务的效益可以涉及多个会计期间所发生的那些支出。因此，这类支出应予以资本化，先计入资产类科目，然后，再分期按所得到的效益，转入适当的费用科目。如果一次性计入费用，势必人为夸大了当期的费用，拉低了当期的利润，甚至使当期出现亏损或赤字。——译者注

1.债务:债务的清偿使得经纪人贷款数额减少了 94%,商业银行贷款数额减少了 22%,美国国内全部的到期债务减少了 23%,除了那些实现了增长的债务外(像公共债务)。

2、7、8.货币数量、货币流通速度及悲观情绪:通过联邦储备局会员银行的记录来判断,存款货币在数量上减少了 21%,在流通速度上更是降低了 61%,因此用于商业目的的货币的效率仅仅为 1929 年货币效率的 31%。而这一记录充分体现了悲观情绪的加重。

3.物价水平:工业股票价格跌去了 77%,本已下跌的商品价格水平也没有实现自我纠正,又跌去了 35%。截至 1932 年 6 月的第三周,下跌幅度已达 38%。

4.净值:净值在这一期间的表现可以通过商业破产,包括银行止付(bank suspension)的情况得到最好的说明。1929 年,美国有 1.04%的企业破产(22,909 家);1931 年,破产的企业所占比例达到 1.33%(28,285 家),年破产率上升了 28%。1929 年,止付的银行数为 642 家;1930 年为 1,345 家;1931 年为 2,550 家。

5.收入:163 家工业及杂类公司的净利润为负值。

6.生产、贸易和就业:所有这些指标都持续下滑。根据联邦储备系统的一个指数来看,工业生产从 1929 年 6 月到 1929 年 10 月下滑了 5.6%;从 1929 年 10 月到 1932 年 1 月,工业生产非但没有实现自我扭转,反而又继续下滑了 39%。众多指数显示,建造业要比工业生产下滑得更早且更快,正如我们在第一部分所看到的那样。

9.利息:各种利率则根据类型的不同而有着不同的表现。例如，再贴现率、通知贷款率、60—90 天定期混合抵押贷款，都是繁荣时期上涨，萧条时期下降。最主要的问题在于，再贴现率上涨得太晚，因此无法限制那些借入资金在牛市上从事投机行为的人；同时，它下降得也太晚，因此无法制止那些借款人争先恐后的清偿行为。也就是说，实际利率可以偏离货币利率很多——上升过程中是如此地轻，下降过程中是如此地重——以至于借款者对名义利率非常不敏感。

美元的实际价值

我们可以用美元的实际价值所发生的遭遇来概括整个悲剧过程。从 1929 年到 1932 年 3 月，由于物价水平下降，1 美元的实际价值涨到了 1.53 美元（按照 1929 年的购买力来计算），随后又涨到了 1.62 美元（1932 年 6 月的第三周）。

这样一来，截至 1932 年完成的全部清偿行为结束后，剩下的未偿付余额所造成的负担居然比 1929 年清偿行为开始前全部这些债务所造成的负担还要重（按照美元的实际价值来计算）。只有一种类型的债务无论从名义上来看还是从实际上来看都是减轻了的，这便是经纪人贷款，它名义上减少了 94.4%，实际上减少了 91%。至于 390 亿美元的商业银行贷款，尽管直到 1932 年其中的 85 亿美元得到了清偿（名义上减少了 21.8%），但实际负担不但没有减轻，反而还增加了 20%。至于 116 亿美元的政府间债务，到 1932 年为止其中的 4 亿美元得到了清偿（名义上减少了 3.4%），然而实际负担却增加了 48%。而 95 亿美元的农产抵押贷款中，

19亿美元得到了清偿(名义上减少了20%),但实际的负担却增加了22%。[①] 如果我们将即使在1929年后名义上也依然保持增长的各类债务排除在外的话,那么其余债务的总额为1,875亿美元,其中的432.5亿得到了清偿(名义上减少了23%),而实际的负担却增加了17%。如果我们把各类债务全部计算在内的话,则总额为2,342.5亿美元,其中将近370亿美元得到了偿付,名义上减少了15.7%,而实际的负担却增加了29%。

总之,尽管有诸多清偿行为,但1929年的2,342.5亿美元债务到了1932年竟然超过了3,020亿美元(如果按1929年美元来计算的话)。[②] 到1932年6月的第三周,1商业美元(business dollar)的价值变成了1929年美元价值的1.62倍,以这种膨胀的美元来表示的债务额相应地也增加了这么多。如果没有名义债务的减少的话,1932年的债务总额应该等于3,198亿美元(按1929年美元计算),或者说比1929年增加了36%。即使我们假设因破产和丧失抵押品赎回权而导致的债务清偿数额达到了100亿美元,实际债务也将保持在3,029亿美元(按1929年美元计算)不变。表2给出了具体的情况。我个人认为,正是这种实际债务负担的增加(尽管债务清偿力度很大)构成了1929—1932年经济大萧条的决定因素。

① 如果我们使用农产品美元来计算的话,增加的比例会更大。

② 当然,这些数字仅仅比较了两个特定日期的估值情况。它们没有将签订贷款合同的各个日期和偿还贷款的各个日期的情况进行比较。

表 2　美国国内估计的债务总额

从 **1929** 年到 **1932** 年所发生的变化

	1929 以 1929 年美元计算（百万）	1932 以 1932 年美元计算（百万）	1932 以 1929 年美元计算（百万）	名义		实际	
				以未针对估值变化做调整的美元计算（百万）	变化的百分比	以 1929 年美元计算（百万）	变化的百分比
经纪人贷款	9,500	530	811	−8,970	−94.4	−8,689	−91
商业银行贷款	39,000	30,500	46,665	−8,500	−21.8	+7,665	+20
消费信贷	3,000	2,000	3,060	−1,000	−33.3	+60	+2
人寿保单贷款	2,379	3,400	5,202	+1,021	+42.9	+2,823	+119
公司债务（长期及短期）	76,096	64,682	98,963	−11,414	−15.0	+22,867	+30
农产抵押贷款	9,500	7,600	11,628	−1,900	−20.0	+2,128	+22
其他农业贷款	1,875	1,800	2,754	−75	−4.0	+880	+47
非农产抵押贷款	37,000	26,000	39,780	−11,000	−30.0	+2,780	+8
国际私人贷款	14,000	15,200	23,256	+1,200	+8.5	+9,256	+66
州和地方债务	13,400	16,000	24,480	+2,600	+19.0	+11,080	+82
联邦债务	16,931	18,508	28,317	+1,577	+9.5	+11,386	+68
战争贷款	11,600	11,200	17,136	−400	−3.4	+5,536	+48
总计	234,281	197,420	302,052	−36,861	−15.7	+68,291	+29

由 Royal Meeker 博士根据 Carl Snyder 博士、Lionel D. Edie 博士，以及 E. R. A. Seligman 教授、John H. Gray 教授及其他人的估算和财政、商业及农业部的报告计算、编撰而得。某些情况下得出的一些数字基本上同敏锐的猜测没什么不同，但在大多数情况下，数据都是基于精确的统计资料而得出的。目前还没有人试图对个人、信贷协会、典当行以及高利贷者所发放的小额贷款数额进行估计。消费信贷的下降数额被认为近似等同于汽车业消费信贷的下降数额。

将 1932 年美元转换成 1929 年美元依据的是 1 商业美元在批发商品上的购买力。1932 年 3 月的 1 商业美元等于 1929 年的 1.53 美元。截至 1932 年 6 月的第三周，这个数字变成了 1.62 美元。

第三部分

挽救经济的措施

第九章　治标措施与治本措施

当形式就是实质之时

一位很友好的批评人士反对我在本书中把解释萧条成因的重点放在美元的实际价值上，他认为"货币完全是一种度量单位，而不是被度量的事物"。他更为关注商业中的一些具体的错位和混乱现象。然而，一种几乎涉及每个交易并且时而膨胀、时而萎缩(尽管其对于订立合约的各方来说看起来似乎还是一样的)的度量单位必然会导致混乱，而且是各种问题上的混乱——物价的混乱、数量的混乱、分配的混乱，以及与订立合约各方相关的因素的混乱。这样的混乱(在我看来)必定要比由于一种农作物的枯萎病或另一种农作物的产量过剩，或是某些农作物的枯萎病与另一些农作物的产量过剩同时发生所导致的混乱更为严重、影响范围也更广。

离我家不远处是一家很大的军火企业的工厂。在第一次世界大战初期，这家企业与许多国家签订了巨额合同，为它们提供军火；价格尽管是令人难以置信地高，但却被合同固定了下来。然而，当它的机器设备刚刚开始为生产这些军火运转起来时，战争所引发通货膨胀(1914—1919)便开始了。通货膨胀使得物价水平迅速蹿升,包括生产所需的原材料的价格和劳动力的价格,而麻烦在于,这家企业还没来得及为履约购入足够的这些要素。因此,起初看起来不菲的利润便由于收入的固定和成本的上涨而被榨得一干二净了。到了战后,这家企业发现,在和平时期用这么大的厂房和这么多的工具来生产战时产品完全是一种没必要的浪费,因此便决定将其多余的设备用于生产多种五金装备。相应地,它在全国各地都设立了店面并下了大力度进行广告宣传。而当它刚刚把利息、租金以及新招募员工的工资大体上固定下来之时,战后的通货紧缩(1920—1921)又开始了,这迫使它的全部产品(无论新产品还是老产品)的价格都开始下跌。于是,利润又一次受到挤压,这一次是受到大体上固定的成本与降低的收入的挤压。而当它好不容易才从困境中突围出来的时候(1921—1929),1929—1932 年的价格崩盘又接踵而至。在来来回回遭受了几次沉重打击之后,这家被货币这个多变的度量单位一次次玩弄的苦命企业终于走到了生命的终点。它被出售了,而它原来的所有者们至今仍然很困惑到底是什么让他们如此受伤。毫无疑问,他们认为是商业混乱的泛滥所致。而实际上,罪魁祸首,或者说所有的商业混乱现象或差不多所有的商业混乱现象的原因只有一个,那就是通货膨胀(货币实际价值缩水)和通货紧缩(货币实际价值升高)。

货币出现问题必然导致利润出现问题。这是诊断的核心所在,而救治措施的选取正是以诊断结果为基础的。

在对货币改革(根据本书所做的诊断,它直接针对疾病的根源)进行描述之前,我将简要介绍一下当下主流的"实质疗法"——

我无意将它们贬低为无关紧要的方法，而是认为它们在重要性上略逊一筹。在我看来，它们属于治标措施，但并非与直达问题根源的货币改革相矛盾。

急　救

企业利润受损所造成的最严重后果便是失业。无疑，为失业人员提供慈善是非常可取的，但由于慈善是每个人的事情，因此也就不是任何单独一个人的事情。作为吸纳闲置劳动力的一种方式(一种准慈善)，有人提出建议，在萧条时期，政府应该扩展自己的职能，充当雇主的身份。政府可以通过随意实施一项公共工程计划来履行这一职能——这一计划可能产生收益也可能不产生收益。然而，在萧条时期，例如1929—1932年，尽管数百万美元被花在了公共工程方面，这也确实为一些人提供了生计，但其对于控制萧条的逐渐加剧却没有起到任何效果或者说基本没有起到任何效果。胡佛总统估计，[①]在这方面政府的进一步投入在第一年将至多容纳4万人。在不影响利润的情况下(就业情况最终依利润而定)，要将这4万份工作分配给上百万的失业人员，基本上不会产生任何效果——如果我们还继续采用私人利润体系的话。实际上，一项随意的公共工程计划很可能会把资源从更为有用的方面拨离走。

1932年，印第安纳州的加里(Gary, Indiana)推出了一个针

① *New York Times*, May 23, 1932.

对失业人员的巧妙的应急之策。这一年，大量的炼钢企业关门歇业。炼钢业协会、救济机构和印第安纳大学联手帮助大约2万个家庭通过开垦大面积的沼泽地来自行种植他们所需要的粮食食品。[①]

针对失业的各种形式的保险也开始出现。其中，通用电气公司的杰拉德·斯沃普(Gerard Swope)就提出了一项计划，该计划虽在一定程度上体现了保险的理念，但它的目的更多的是想通过行业内的合作行动使得现有的工业岗位在经济萧条的年份里得以继续存在，而并没有把关注点放在对于失业的补偿上。这项计划需要进行细致的斟酌。在耽搁了很长一段时间后，电气行业于1932年最终采纳了它。[②] 但是萧条并非是由失业所引发的；因此，一个被耗尽了利润的行业是不可能将维持就业的计划长期执行下去的。众议员戴维·J.刘易斯(David J. Lewis)提出并坚持这样的观点：尽管这个世界并非“有义务赋予每个人一种谋生的方式”，但对那些能够并且愿意工作的人来讲，总应该有一个工作的机会。这是一个美好的理想，但却是可以实现的，条件是这个社会不再允许它的货币单位发生变化，不再允许它的货币单位几十亿几十亿地将确保工作机会的利润蒸发掉。

降低成本

同慈善一样，效率无论在好的年景还是不好的年景都是一件

① 据 Associated Press 报道，1932年7月31日。

② *New York Times*, Jan. 31, 1932.

好事。美国的商业长期以来一直是非常有效率的。但在一个萧条时期，把效率再提高一点至少会对利润产生直接的影响。提高效率的一种方法无疑是通过修正案来放松反托拉斯法的限制，以便可以通过更多的兼并重组来降低成本。过多的武器装备应该被削减，这样可以降低税收负担；另外，阻碍商品交换的关税也应该被降低。效率的提高会波及更多的系统，同时也会出现更多旨在提高效率的发明创造。而所有这些权宜之计尽管非常重要，但也只是在一个相对较小的范围内起作用的，而美元的实际价值已经上涨了50%。

遏制债务方面出现的问题

我们已经看到，过度负债会引发清偿，从而使货币的实际价值提高，进而提高成本，并最终吞噬利润。因此，各种权宜之计我们都可以采纳，以此来抑制债务负担的不断增加或者（如果这种增加态势已经形成的话，则）遏制债务的廉价清算。可以将一些能引发过度负债的多余的且不能带来收益的政策撤销，例如像资本利得税这样的投机性诱惑。对于那些被怀疑从事过多投机行为的银行附属机构，可以通过法律来制止它们做出一些容易让客户把它们和它们所依附的银行相混淆的宣传。同时，美国的银行应该降低对股票市场抵押品的热情，并将它们近些年来从国外复制来且正在使用的准则进一步贯彻发展下去，即根据资产负债表来贷款的准则——当然，要利用与收入表的勾稽关系来仔细核对资产负债表。另外，考虑到小公司和其他小规模贷款人的利益，还可以对中期的中等规模的贷款提供更多的便利。目前，我们获得中期贷款的一条最方便的途径通常是一种类似于君子协定的办法，即银行承诺在短期贷款合约到期后再将合约续签。然而，这是商业银行业务的一种不正当操作；其所带来的后果是，当出现紧急情况时，商业银行要么选择违约，要么就会受到“冻结的贷款”的不利影响。

取代不灵活的债券

由于对债务到期日考虑不周是形成过度负债的一个主要因素，因此企业可以继续当前的这种更多发行优先股、更少发行债券的融资倾向，因为债务持有者会强迫企业清偿，而股票持有者则不会。我们想要拥有一个与当前不同的债务体系，它很灵活，且不会崩溃。就目前流通中的债券来说，我们可以对其做一些微调，从而使其更容易被偿还。例如，一种债券可以像通常那样包含一种五年后偿还的选择权。它还可以无限期地存续下去，成为一种没有到期日的永久年金。但如果债券到期日到来之时经济处于萧条之中，那么不论债券偿还条款设计多么合理，债券偿还通常都是不可能的。这样，本就很糟糕的形势将会变得更糟。

增强债务灵活性的其他措施

银行之间也应该加强合作，共同为债务（无论是针对个人借款者欠下的债务还是银行间的债务）的清偿提供更宽松的条件。开办分行是一种不错的办法。这会使当挤兑行为发生时银行之间能够相互支持。旨在推迟清偿时间或避免清偿行为的破产管理可以得到更加自由的利用。而当萧条出现时，一些强迫某些信托机构（例如储蓄银行）在一个下跌的市场中抛售其证券的法律也可以放宽，因为这种集体抛售行为会让个体清偿行为所寻求的安全感消失。美国证券交易所可以采取类似于英国证券交易所的一项制度，即清偿行为只能每两周进行一次，而不是每天都可以。

债务规模调节

利润是收入与支出之间的差额，净值是资产与负债之间的差额。在经济萧条时期，由于货币价值的下跌，利润也相应萎缩（当然，净值也是如此）。而要是能迫使支出和负债也发生同等程度的减少，利润和净值的这种萎缩就会避免。如果工资和债务是可以调节的，那么这种同等程度的减少就基本上可以实现。而且，这样的做法对于工人和债权人来说都是完全公正合理的。因为从实际工资和实际债务的角度来考虑的话，经济萧条实际上会让工人和债权人得到的比双方议定的水平更多。他们应该会愿意放弃一些他们意料之外的“外快”。也可以采取一些办法劝服劳方接受一个短暂的工资下调，但通常来讲，货币幻觉的存在会对此造成阻碍。没有哪个债权人会根据物价水平来调整他的债款数量。

然而，1932 年，宾夕法尼亚州物业业主协会（Penn Zone Property Owners Association）发布了一项名为“不要再取消抵押品赎回权”的公报。这一文件指出，取消抵押品赎回权是一种不合适的、代价高昂的收取债款的方式，它会减损被取消赎回权的物业以及临近物业的价值。文件建议抵押人和受押人在困难时期要精诚合作，同时建议利息应该随着租金的下降而同比例下降。1932年，印第安纳州的加里提出了一项更为激进的方案，根据一篇新闻报道[①]来看，该方案赢得了不少受押人的认同；这项方案的内容是，利息和本金都要削减，贷款合同到期后续签。

1932 年的国际债务状况

如果债务管制是建立在一个指数变动的基础之上或者是自动发挥作用的话，它实际上就与物价水平的管制相类似了。通常来讲，债务管制是不大可能实现的。但 1932 年的大萧条是一个特例——这一时期大部分的债务都是可调节的，因为其中很多都是政府间的债务。这类政府间债务在一定程度上都进行了重新调整，例如通过各种补偿办法及政府间债务的其他清算办法。

如果能够将大规模甚至全部免除债务与其他的救济措施有效协调的话，将会提高全球的物价水平；而物价水平提高所带来的一个结果就是将会减轻美国的债务负担，并通过刺激商业和提高收入，间接地减轻美国人的税收负担。从另一方面来看，坚持全额偿付将只会加重通货紧缩的程度，使我们以货币的实际价值来衡量的税收负担更重。

目前为止，在这方面所提出的最重要的经济救济措施是德国和它的债权人所签订的《洛桑协定》(*Lausanne Accord*)，1932 年 7

---

① *New York Times*, August 4, 1932.

月 12 日的报纸上曾报道过此事。其实协约国早已经把德国的债务从 1,320 亿马克削减到了 340 亿马克，但并没有产生令人满意的效果。最后，协约国几乎是整个免除了德国的债务，将这个数字进一步削减到了 30 亿马克，约合 7.14 亿美元。①

但通常来说，即使是再大规模的缓解性措施都不是彻底的解决方案——且无论如何都不具备预防性。我们也不大可能通过直接的管制杜绝债务问题的发生，除非我们拥有更完备的债务方面的统计数据以及关于什么是债务过多的标准。这是一个基本的需要，在适当的时候必须得到满足。

① 德国将向位于瑞士巴塞尔的国际清算银行（世界银行）上交 7.14 亿美元利率为 5%的债券。这些债券将在签订清算协议的三年后才能进行买卖，而如果国际清算银行在 15 年之后都无法将这些债券售出的话，则这些债券将被整体注销。

第十章　治本措施

信贷控制

债务方面统计数据的缺乏并不会妨碍我们通过对货币病或物价水平病采取直接的应对措施而预防债务病的出现。的确，债务病通常会引发货币病；但通过恶性循环的作用，债务病很快会演变为结果，而货币病则成为原因。例如，在经济繁荣时期，真正的总体过度负债通常是因物价水平的上行而导致的，而物价水平上行会通过放大利润而刺激生产商们借入过多的钱来过度膨胀其业务。

仅仅是新的发明或发现这一个因素并不一定会将总体的负债水平带到一个高位，前提是如果物价水平能够立刻抵挡住由信贷膨胀而非发明或发现所带来的利润诱惑，且能抵挡住发明或发现本身的诱惑的话。这里的关键在于，一有迹象表明物价水平哪怕只是受到了它的一点点影响，就要对信贷膨胀进行控制。

即便是在商品价格水平无法体现通货膨胀的情况下（例如1923—1929 年），我们还可以将股票市场当作一个指示器。如果通货膨胀没有被观察到或者被人们忽视了的话，那么为了防止出现后续的结果，实行通货紧缩将变得更加重要。

治疗货币病是宪法的授权

美国宪法第1条第8款第5项这样写道："国会有权……铸造货币、调议其价值……以及制定度量衡的标准。"

除美元外的其他度量单位早已经实现了标准化。它们的属性使它们很容易标准化。它们可以一次性地被确定下来，而后其中的一些便可以被放入一个玻璃器皿中以防止温度和湿度出现变化。从另一方面来看，必须在除了能够衡量美元所包含的贵金属重量外还能够衡量其价值的工具出现前，给出关于美元的详细界定，也就是说，在指数科学形成之前；这样，尽管美元被称作是一种价值标准或购买力标准，但它实际上成为了一种重量标准。既然我们拥有了指数这一工具，那么只要我们愿意，我们就可以让美元真正成为一种购买力标准。我们可以通过一个简单的等式说明这个问题——在这个等式中，物价水平（即美元购买力的倒数）是一个因子。

交易方程[①]

按照这个"交易方程"，价格水平乘以每年的交易量等于流通中的货币乘以它在一年内流通的次数。

① 见 *The Purchasing Power of Money*, by Irving Fisher (MacMillan, 1931)。

用最简单的代数法来表示，这意味着在任何一个给定的年份里，

PT = MV

其中，

P是衡量物价水平的指数〔一个相对于基年（如1913年）的百分数〕；

T是交易量（不按当年价格计算，而是按基年价格计算的年交易量的总价值）；

M是流通中的货币数量（包括存款货币）；

V是货币的流通速度（整个货币的年周转率）。

确定上述各项的数值在统计上是可能的。

物价水平会发生怎样的变化基本上取决于其他三个因素所发生的变化。交易量因素会发生怎样的变化则应该由供需之间的一些法则来决定，而且结果具有较高的确定性，只要作为供需法则表现手段的货币不打乱这些法则所产生的自然结果。尽管这样来看，交易量因素应该由自然因素来决定，但其他两个要素，尤其是M（货币数量），则在很大程度上会受到人为控制的影响。因此，我们的问题就是：通过调节货币数量以及影响它的流通速度来使价格水平保持基本的稳定。

卡尔·斯奈德已经证明，方程一边的货币流通速度有与方程另一边的交易量的短期变化自然保持同步的倾向。这样，交易量的短期变化就几乎不会扰乱价格尺度。因此，如果方程一边的货币数量与方程另一边的交易量的长期、稳定增长保持同步的话，那么P（物价水平）就会保持相对的稳定。

货币数量论

尽管我们已经通过交易方程介绍了对M所实施的控制，但这也只是为了简明起见，而且这样做也并不是因为我们可以稳妥地假定T和V是固定不变的，或者T和V的比率是固定不变的，甚至连T和V的比率会发生有规律的渐进变化这样的假设我们都没有十足的把握，尽管这差不多就是真实的情况。我们本可以在不借助于“货币数量论”（即“交易方程”）的情况下对控制M进行一番介绍。我们只需假设流通媒介数量的增加有提高物价水平的倾向，反之，流通媒介数量的减少有降低物价水平的倾向。而对于那种认为由于“除了货币和信贷外的其他因素”也会产生影响，因此任何控制都注定无用的反对之声，我们也无须太过认真看待。因为如果按照这种逻辑，那么在驾驶轮船的时候使用方向舵也是没用的，因为虽然方向舵会对行驶方向有影响，但能产生影响的还有风和浪。

调节信贷以适应商业需要

卡尔·斯奈德博士、莱昂内尔·D. 伊迪（Lionel D. Edie）博士以及詹姆斯·哈维·罗杰斯（James Harvey Rogers）教授曾经提出一项旨在让货币数量跟上交易量（或者准确点儿说，是跟上交易量与流通速度的比率）变化步伐的计划。根据这一计划，交易量过去的增长情况将得到密切监视，其前十年的走向将被当作一种参考和指导。如果这十年的增长率为3%，那么货币供应量每年也将增长3%以满足商业的需要。

货币数量随着交易量的需要而进行调节将会对商人们产生极大的诱惑力，对他们而言，稳定的物价水平或稳定的货币价值只不过是一种空谈。但其实上述这些人所建议的调节是同稳定货币的价值一样的东西。如果我们把物价水平或货币的购买力当作我们的参考标准的话，那么我们所进行的调节可能会更加精确。

使物价水平上涨并保持稳定

假定物价尺度近期内发生较大的变动，从而使得借款者受益而贷款者受损，或者使得放款者受益而借款者受损。在那种情况下，应该首先通过通货再膨胀来修正物价水平，然而再对修正后的物价水平予以保护。

怎样程度的通货再膨胀是适度的？换句话说，通过修正的方式，我们应该将价格水平拉回来多少再令其保持稳定？

答案是：要根据具体情况来决定拉回来的幅度，这个幅度要大到足以消除对借款者或放款者的不利影响为止。然而，不论是借款者还是放款者，他们都不是简单的一个群体。借款者的情况各不相同，放款者的情况也各不相同。在经济上升或下滑时期的不同时点上存在着各种境遇不同的借款者和放款者。站在1932年这个时点上，让我们回顾一下物价水平在1929—1932年间的下降过程。有些债务是1929年时欠下的，有些债务则是在1930年、1931年和1932年欠下的。如果我们把物价水平从1932年的水平拉回到1929年的水平，那么1932年放贷的债权人就会吃亏。而如果不彻底把物价水平拉回到1929年的水平的话，那么1929年借债的债务人就会吃亏。[①] 如果把物价水平拉回到1930年的水平，那么我们就会对1930年的债权人和债务人都做到基本公平，但对于上半年借债的债务人和下半年放贷的债权人来说还是有些许的不公平，而不公平的程度依他们的合同价格与1930年物价水平的差距而定。针对这样的局面，我们还不能坐视不管，必须有所作为。在1932年，受到不公平对待的是一个群体——债务人。如果物价水平被部分拉回正轨，则受到不公平对待的变成了两个群体——债务人和债权人；而这将是唯一合理的解决问题的方法，因为它会将双方整体所受的不公平对待程度降到最小。

但是，进行价格修正的主要目的必须是：使未来有一个美好的前景，以便经济可以正常运转下去；将利润提高到我们所能达到的合理的水平，以便工业的车轮可以继续前进，且最大数量的失业工人可以重新实现就业。从实际操作的角度来讲，我们应该逐步摸索着将物价水平拉回到一个最能恢复经济活力的水平上来，在我们发现经济足以重新吸纳失业劳动力时停下来。因此，最终所达到的物价水平应该成为全社会共同的福祉并应保持稳定。

① Arthur Salter 爵士在 *Recovery - The Second Attempt* 一书中推荐采用1929年的物价水平。国联金团（League of Nations Gold Delegation）的少数派报告推荐采用1928年的物价水平，实际上和1929年是一样的。Gustav Cassel 推荐将偏离1929年水平的幅度缩小一半，这种观点对我非常有吸引力。

通过再贴现率进行管制

对 M(货币数量)的调控属于乔赛亚·斯坦普爵士(Sir Josiah Stamp)所谓的货币“机制”的范畴。对 V(货币流通速度)的调控则相对来说有些让人无所适从,因为这种管制涉及更多的心理成分。

因此,我们从所谓的货币机制——M 开始讨论。

货币,正如本书中这个词所包含的意思一样,通常分为两类:

1. 存款货币,或用支票来提取的银行存款;

2. 公众日常手头持有的货币(hand-to-hand money),包括纸币、辅币和黄金。

占一国货币 9/10 的存款货币,对于任何一个希望打造健全货币体系的计划来说,都是首要项目。

由于存款货币可以用来出借,因此它的数量在一定程度上可以通过利率来调控。利率降低,就会提高人们借入存款货币的数量。而如果利率提高,就会降低人们借入存款货币的数量。许多人没有意识到利率的这一作用。就连联邦储备委员会的一位前委员也是如此,在一场向公众所做的演讲中,他断言,利率“在生产的成本中”是太微不足道的一个要素,因此无法对价格产生影响!然而,问题的关键并不是生产的成本,而是货币的数量。如果在 5% 的利率水平上,货币的数量能满足商业发展的需要,那么将利率调整为 4.5% 就会使货币变得过剩,而且是逐渐变得过剩;而将利率调整为 5.5%,则会使货币逐渐变得短缺。当通过排水管排出的水恰好等于通过进水管流进的水时，浴缸里的水会保持不变；然而，在这个均衡点上哪怕是非常轻微地旋转一下龙头，在经过一段时间之后，都会让浴缸装满水或是将浴缸里的水全部排干。而利率的作用就如同龙头一样，它可以让一个国家流通中的存款货币的水库注满水，也可以将其清空。

人类应该忘记对于利率的那些最原始的观念。所有经济改革中最伟大的一项改革，将是在经济条件要求迅速、大幅度地提高利率时，消除人们对此的抵触情绪，以及在经济条件要求降低利率时，消除人们对于将利率保持在高位的惰性。在有些地方，利率在经济状况好时和不好时都保持在6%的水平上。在一个西部城市，我看到一个新的银行大楼的墙壁上刻着"4%"的字样。即便在纽约这个利率比美国其他任何地方都更加灵活的地方，利率的弹性也并不是非常充分的。理想的情况是，任何一个可信赖的借款者都应该能够通过支付一定的利率而获得贷款；而任何一个放款者都可以在某一个利率水平上发放出贷款。

联邦储备系统

为使对利率的调控更加有效，银行之间必须采取一致行动；考虑到联邦储备系统的存在，这一点很容易就能够实现。在该系统中居于核心地位的是联邦储备委员会，该机构位于华盛顿。其次，还有12家区域性银行——所谓的联邦储备银行，每家银行都承担着其所在区域的中央银行的职能。再往下，则是每个区域的会员银行。就贷款而言，正是这些区域银行全权与公众打交道。上面提到的那12家联邦储备银行，除了执行其他职能外，还通过向这些区域银行提供再贴现服务（将这些银行为公众贴现的票据再贴现）来为其提供贷款。位于华盛顿的联邦储备委员会则通过驻扎在12家联邦储备银行的代理人与12家银行保持联系。在这样的制度安排下，会员银行向其客户所收取的利息主要是受它们预期会向储备银行所支付的再贴现率决定的。因此，这些中央银行通过再贴现率的方式已经在相当大的程度上对整个国家存款货币的数量起着调控的作用——不论结果好坏。

然而，尽管最终来看存款货币的数量会对于再贴现率的变化做出很大的反应，但这个过程却相对较慢；储备银行还控制着一个起效更快的辅助工具。

通过"公开市场操作"来实施调控

每家银行都会根据其存款量而拥有一定的准备金。就联邦储备系统的任何一家会员银行来讲，它所拥有的准备金都由它自己在联邦储备银行的存款余额所构成。根据法律规定，这一余额至少要等于会员银行的客户在这些银行的总存款余额的一定百分比。对定期存款来说，这一比例仅为3%；而对于活期存款——这一块儿是我们最感兴趣的——来说，则根据会员银行所处的地理位置的不同，这一比例可分别达到7%、10%和13%——在一些经济较为繁荣的大型商业中心区域，所要求的比例更高一些。

一家会员银行在储备银行所拥有的存款余额不仅受到再贴现率的影响，而且还受到向储备银行销售证券的数量的影响，交易的收益作为存款保留在储备银行。由此我们可以得出结论，12 家储备银行可以通过从会员银行那里购买债券来提高这些会员银行的准备金额，也可以通过将债券卖给会员银行来降低它们的准备金额。如果一家会员银行欠联邦储备银行一笔债务，那么它可以用它的存款余额（超过当前准备金额要求的那部分）来偿还这笔债务。这样，它便失去了利用增加的存款余额作为发行新贷款的准备金的权利。然而，当它的欠债被还清以后，其存款余额的任何增加都必定会被用作未来向公众进一步发放贷款的准备金。

公开市场操作的标的物

这种买入或卖出债券的行为就是“公开市场政策”。

实际上，联储通过公开市场操作的方式可以买卖的唯一标的物就是政府债券和“商业票据”。也正因为如此，公开市场操作也招致了一些不满，认为这种做法对债券市场构成了干扰。从理论上来讲，任何其他的财产或商品都可以成为公开市场操作的标的物。例如，白银就可以被用来买卖——可以是政府也可以是联储。如同购买债券一样，通过会员银行或从会员银行那里购买白银，将使得这些银行将购买力投入到流通中，这样通常会提高物价。然而，麻烦的事情在于这种做法会尤其提高白银的价格，从而使其与其他商品的价格脱节。将标的物换成小麦或棉花也会遇到同样的问题。我们也不能期望因为公平起见而让所有商品都成为标的物，且保持最为适度的比例。例如，易变质或易损坏的商品，就不适合成为标的物。而从另一个方面来说，耐用品也不适合，因为那样的话它们将处于一种长期闲置不用的状态。反对将债券作为标的物的声音也是存在的；然而，从稳定性的角度来考虑，债券是最为合适的标的品种。可选的债券范围自然也可以延伸到除政府债券外的其他债券。

这样，通过调整再贴现率以及实施公开市场操作，12 家储备银行可以对美国存款货币的数量进行强有力的调控。

如果联邦储备系统出于影响物价水平的明确目的决定对存款货币施加其巨大的影响力，那么这种调控措施必须与物价水平形成联动。因为一旦允许物价水平出现迅速的上升（比如以每年 10%的速度），那么真实利率就会变得非常低，以致即便是名义利率升到一个很高的水平，也很难对借债行为形成扼制——名义利率即使是 10%，实际利率也只有 0。而一旦允许物价水平出现迅速的下降（比如以每年 20%的速度），那么这将会使得实际利率变得非常高，以致接近于 0 的名义利率都不会对借款者形成诱惑，因为如果实际感受到的利率是 20%的话，那么名义利率为 0 又有什么意义呢？

如果物价水平的这种上升或下降的运动果真变得非常剧烈的话，那便是因为这两种政策（再贴现和公开市场操作）实施得有些迟了。

简而言之，“实际”利率的唯一决定因素就是物价水平，但名义利率也可以决定物价水平——如果发挥作用及时的话。

准备金的自动调控

要想确保及时，调控机制必须要灵活；为达到这一目的，有时需要暂时放松对准备金的要求。这种放松应该通过行政方式来实现，而不要等待过程迟缓的立法手段。联邦储备委员会的职员温菲尔德·里夫勒(Winfield Riefler)先生针对这种放松提出了一项巧妙的计划。这种计划规定了会员银行的准备金额，所依据的原则并不是该银行所处的位置及其存款的特征，而是那些存款的每日活动能力(activity)。存款流通速度越慢，要求的准备金额越小(从而刺激放款能力)；而存款流通速度越快，要求的准备金越多(从而限制放款能力)。

这条准则的优点在于，其不仅适用于不同的地区之间，也适用于同一地区的不同时间段。无论什么时候只要是货币的周转率超出了速度极限，制动装置便会自动开启。而如果经济萧条让货币的流通速度放缓，一种鼓励更加自由放贷的力量也会自动出现。

为便利公开市场操作所进行的调控

法律对于各家储备银行也提出了准备金方面的要求。储备银行的准备金至少要等于其会员银行总的存款余额的 35%——这 35%包括黄金和任何“法定货币”。由于 35%的准备金支持了差不多 3 倍于其数额的会员存款，而平均来讲每家会员银行又都会向其客户发放 10 倍于其在储备银行的存款数额的贷款，因此存款货币的最终数量可能会达到储备银行以黄金和法定货币形式存在的初始准备金数量的 30 倍。

储备银行还有另外一个货币职能：它可以从联邦储备委员会获得分配给它的一定份额的联邦储备银行券。在这项交易中，政府从理论上讲是银行券的发行者并对其提供担保。储备银行从政府那里获得银行券并使其进入流通；对于银行券的赎回，它一方面要向政府负责，另一方面要向钞票的持有者负责。作为从政府那里获得的银行券的担保，储备银行会在联邦储备代理人那里存上100%的抵押品，包括它曾经再贴现过的商业票据、黄金〔根据近来颁布的格拉斯—斯蒂格尔法案（Glass-Steagall Act）的规定〕以及政府债券。而这项工作必须在储备银行实际发行银行券的活动之前完成。当银行开始发行银行券时，它必须在自己的金库里或在联邦储备代理人那里存上相当于所发行钞票面值40%的黄金，而这意味着以这种方式来使用的黄金仅仅能够支持2.5倍于其本身数额的联邦储备银行券。

这样来看，黄金或其他法律意义上的货币可以支持差不多30倍于其本身价值的存款货币，而黄金还可以支持2.5倍于其本身价值的联邦储备银行券。《联邦储备法》（the Federal Reserve Act）授权12家储备银行可以在紧急状况下降低它们的准备金率，另外还应该设立一个机构，它有权在紧急情况下从宽或从严执行为确保12家储备银行能够正确适当地履行信贷职能以及获取和发行联邦储备券的职能而设定的那些要求的全部或一部分。

职能的冲突

联邦储备系统通过执行上述多样化的职能，可以对商品价格水平起到呵护作用，也可以对股票价格水平产生稳定效应。为防止这些职能之间相互干扰，纽约市标准统计公司的总裁卢瑟·布雷克(Luther Blake)先生曾经提出过一项建议。他主张，应当授予联邦储备委员会一项权力，即无论何时只要它判断经纪人贷款有泛滥的征象，便可以为这种贷款设置特殊的障碍。为此，布雷克建议，向会员银行规定的准备金额应根据贷款级别的不同进行详细分配，而且每个级别的贷款所要求的准备金率应经常做出调整，调整的依据是该级别的贷款是否已经过多。这一计划或许是可行的，因为到目前为止各个信贷池之间还没有保持相互独立。

统一的银行系统

在联邦储备系统于 1913 年成立之前，美国的银行业混乱不堪。而目前在这一系统之外，混乱的局面依旧存在。任何一个不是很专业的人都依旧称自己为银行家，他们于存活与灭亡之间碰着运气——与他们的客户一道。那种认为美国有 30,000 个能独立运营的银行的观点是非常荒谬可笑的。对一家银行的一次挤兑可能是非常致命的，然而，如果有着适度的合作，整个银行系统就会联手来营救某个银行，使其渡过难关。在世界其他发达国家，如英国、法国、比利时、德国、荷兰以及斯堪的那维亚国家，银行之间通过统一的中央银行(central banking)或被称作银行分行制(branch banking)的系统保持着稳固的合作。相应的结果是，在1929—1932 年的大萧条期间，法国仅有一家大型银行破产倒闭，奥地利和德国也各只有一家，英国和加拿大则一家都没有，全身而退；而与此形成鲜明对照的是，美国仅在 1931 年就有 2,550 家银行暂停支付。

联邦储备系统内部是非常健全的，即使是在目前的体制下，其信贷政策依然在一定程度上或直接或间接地影响着所有银行。但仅有统一的信贷政策是不够的。那些执行信贷政策的银行机构也应该提高应对破产的能力。大多数小型州银行可以通过银行分行制而纳入到联邦储备系统中来。为此，可以采取某些措施，令那些游离于联邦储备系统之外的州银行感受到自己处于一种劣势地位。例如对于结算这些银行的支票征收服务费。1865 年，联邦政府通过向州银行发行的银行券征税，迫使许多州银行转变为全国性银行。目前，联邦政府正在尝试出台类似的税种，以便对非会员银行的存款货币征税。

稳定是政府的一项职能

法律对联邦储备系统所提出的要求是“协调商业和贸易”。但有时，协调商业中这样或那样的利益会同协调整个国家物价水平的行动相互冲突。无论调控还是不调控整个国家的基本度量单位，甚至出于非法的目的（如果牵扯到腐败）对其进行反调控，都不能留给半私人性质的储备银行以及完全私人性质但实力强大的银行家们自行决定。得克萨斯州格雷厄姆市的 M. K. 格雷厄姆（M. K. Graham）先生曾经写过一本书[①]，在这本书中他得出了这样的论点：“既然存款（也就是银行信贷）属于货币，那么州银行所制造

① *Continuous Prosperity* by M. K. Graham (The Parthenon Press, Nashville, Texas, 1932).

的货币就是违反联邦宪法的，联邦政府迟早会公开宣布的。”

无论如何，法律都不应该只是令物价水平的合理性被放到最重要的位置上，而是应该让物价水平的合理性彻底脱离不可靠的、偶然的控制，将其置于可靠的控制下，这种控制受由指数确定的一个正确、科学、公开发布的标准的指导。

政府将全部的力量都用来支持法定货币；然而，存款却起到了十倍于法定货币的作用，同时也拥有十倍的破坏我们最基本的度量单位——美元的能力。通过向联邦储备委员会派驻代表，政府已经间接地承认它对于这个国家的存款所负有的责任，但如果政府想充分地履行这一职责，那么它最好在其当前的运作方式的基础上再增加一项类似于联邦储备银行的“公开市场政策”的政策。为此，政府已经制订出了下面的计划。[①]

由债券来保证的存款货币

首先，将成立一个稳定委员会(Stabilization Commission)。一旦有萧条发生，该委员会将代表政府向银行类机构(基于自愿的前提)销售大量的财政短期债券——这些债券的分配与每家银行现有的存款水平成正比。相应地，银行就需要把一部分定期存款(如一年期的)交由政府作为购买债券的款项。从政府流向银行的利息与从银行流向政府的利息将会是相等的，以便相互抵消。

这样，银行便在不产生额外速动负债的前提下拥有了一项速

① By James H. Rand, Jr., Ranger Frisch, and Irving Fisher.

动资产。它们可以将这笔债券卖出，也可以将其抵押给储备银行，从而获得更多的放贷保证金，而据此银行可以将更多的存款货币发放给公众——1美元的抵押债券可带来10美元的货币（平均来说）。即使银行选择不将债券出售或抵押，即把债券留在手头，充当一个紧急情况下的灭火器，这也可以增加银行的头寸，从而提高其放贷的自由度。萧条过后，同样的方法可以继续使用，也可以逆向操作；也就是说，可以根据当前的趋势是朝向通货膨胀的还是通货紧缩的，运用这种方法来限制或鼓励贷款。

这种机制起效非常快。政府几乎可以在一夜之间就提供100亿美元的债券。在扩大存款货币的过程中唯一可能出现时间上的耽搁的地方就是银行需要时间与其客户就额外的贷款进行磋商。

这种方法在实践中已经于一个较小的范围内悄悄地开展起来，并且取得了不错的效果。

对黄金实施控制

由于信贷这个上层建筑与黄金这个基础之间的关系，信贷控制存在着一定的局限性。黄金唯一真正的重要意义在于其作为一种储备的职能。这种储备的规模越小、越不稳定，则其重要性就越大。简而言之，我们有这样一种看似无理但却很合理的结论：由于黄金只是我们流通体系中很小的一个部分，因此它发挥着重要的作用。通常来讲，在美国，作为货币基础的黄金的数量大概为货币总量的10%。因此，为了使货币总量适应商业和物价水平的需要，首要的前提是要调节黄金的数量，因为黄金支撑着其他的货币，包括信贷。

富余黄金的水库计划

有三种主要的方法可以调节黄金的数量。

第一种方法是保持一个安全边际。也就是说，可以用作货币发行基础的黄金的数量超出了必需的最低数量，但富余的部分要冻结起来或“使其绝育”，根据物价水平对于扩大信贷或收缩信贷的要求，相应地使用或增加这部分被冻结的黄金。

只要我们有富余的黄金，这个扩大或收缩信贷的计划便可以操作下去，而这部分富余的黄金可以让我们通过信贷控制来实现经济的稳定。[①] 但这部分富余的黄金一旦用光，法规就会限制信贷的进一步膨胀。

为确保作为货币基础的金属有富余，我们可以通过用白银或其他金属作为黄金的补充。[②]

莱费尔特计划

第二种方法是控制黄金的生产。为达到这一目标，就要放弃一个国家单独采取行动的做法；因此，已故的 R. A. 莱费尔特教授

① 前提（也是学术界唯一感兴趣的地方）是富余的黄金的量不能过大，以致为了防止通货膨胀的发生，必须停止所有的信贷活动。

② 参见 *Rand Plan*, Appendix No. Ⅶ。

(Prof. R. A. Lehfeldt)[1]建议成立一个国家联合组织，尤其要将美国和大英帝国(British Empire)包括进来。该联合组织通过一个拥有行政办事处和科技办事处的委员会来采取行动，要对全世界各地的货币和物价统计资料以及黄金开采规则和地质情况进行研究，进而根据世界整体对货币的需求来鼓励或限制黄金的生产。在紧急情况下，一些生产能力较弱的矿甚至可以被关闭。而上面提到的委员会将会买下这些矿以补偿矿主(也补偿那些因矿被关闭而失业的工人)，然后根据世界整体的货币需求情况来决定重开还是关闭这些矿。一旦出现黄金供应不充足的情况，由于事先已经勘测了新的黄金产地，该委员会就会亲自购买所需要的采矿设备或对其进行补贴来开采这些新矿，以支持物价水平。

但这一计划也有其局限性；也就是说，当无法获得充足的黄金的时候，它就会失效。

“美元补偿”计划[2]

在缺少上述国际控制的情况下，各国可以采用一种最好被称作“美元补偿(compensated dollar)”(如果以美国货币来举例的话)的计划。该计划是指，如果使用了其他各种调节物价水平的措

---

① 参见 *Restoration of the World's Currencies*, by R. A. Lehfeldt (P. S. King & Son, Ltd., London, 1923)。

② 参见 *The Purchasing Power of Money* (MacMillan 1931), *Stabilizing the Dollar* (MacMillan 1920), *The Money Illusion* (Adelphi Company 1928), by Irving Fisher。

施后，黄金的购买力还是下降，那么金元(gold dollar)的重量就要相应地提高；而如果黄金的购买力上升，那么金元的重量就要相应地降低。

如果采纳这一计划，那么现行流通的金币自然会被停止流通，取而代之的是，金条将被用于偿付金券(gold certificate)*。只有金券会在市场上流通，而且以这些金券来表示的金元的价格会不时地变动。但在买入价格与卖出价格之间会存在一个很小的价差。否则，当价格的变动被宣布时，投机者便可能会从政府那里以今天的价格买进，而以明天的价格再卖出去，或者以今天的价格卖出，而以明天的价格买入，从而以牺牲政府的利益为代价获得利润。

一些私人合同中的黄金条款也不会对这一计划构成挑战，因为政府可以通过对执行这些条款的行为征税的方式而从实际意义上将这些条款废除。

采用"美元补偿"计划将主要有赖于信贷控制，并且只在其他方式效果不显著的情况下才会对金元的重量进行调整，相隔很长时间才会采用一次。

"美元补偿"计划的一个优点在于任何一个国家都可以单独采用这一计划。其唯一的一个缺点是金元重量的每一次变动都会引起美元汇率的相应变动。不过，这只是一个小问题。而莱费尔特

* 为了兑取黄金，美国政府于1870年开始发行金券。该券票面上印有"持有人可凭此兑取金币"字样。它是由美国财政部发行的以百分之百黄金作为准备的货币。从南北战争结束到1933年，金券可自由兑换金币，并作为美国货币供应的一部分在市面上流通。1931年随着金本位制崩溃，1933年金券也就停止兑换黄金。——译者注

计划则必然会对所有国家产生影响;没有一个国家可以在不必控制其他所有金本位制国家的物价水平的情况下来实施这一计划。

但由于全球的经济稳定是人们最渴望实现的目标,因此所有的计划都应该包含国际合作。人们已经意识到了这一点,因此召开关于物价水平问题的国际会议的呼声也已经出现。

流通速度控制

现在我们从货币的数量(M)转向货币的流通速度(V)。当货币流通速度失常时,它与货币数量失常的方向是一致的。例如,我们已经看到,在1929—1932年的大萧条期间,在会员银行的存款货币数量下降了21%的同时,存款货币的流通速度也下降了61%。在物价水平上升的情况下,要找到降低货币流通速度的办法可能必须要在货币数量上做文章,要让部分多余的货币退出流通,因为人们是无法花费他们根本就没有的东西的。这样,物价水平就会降下来,货币流通速度也会降下来。从另一方面来看,人们也可以把他们所拥有的货币囤积起来;这样,在经济萧条、物价水平下降的情况下,仅仅依靠新的货币供应(以取代那些被囤积起来的货币)可能无法提高物价水平(因此这些货币无法进入流通)。例如,如果社会上存在着对于脱离金本位制的担忧情绪,那么扩大信贷的努力就会由于加剧了那种担忧而令自身变得徒劳,从流通中撤走而被囤积起来的货币甚至会超过新供应的货币。因此,要想迅速推动物价的上涨,仅仅增加货币的数量(M)可能是不够的,还需要对人们的心理施加一些直接的影响以提高货币流通速度

（V），也就是说，要让公众放弃囤积货币的行为。

负有责任挽救公众在萧条时期的信心的政府当局，一定要小心谨慎，千万不要因为引发了公众错误的期望或采用了会自动引起反暗示的暗示，而使已经不利的局面变得更加糟糕。但是一些可以让公众领会其高明之处的明智措施，政府则应以满腔的热忱进行推广。

对于银行的信心

如果银行能够重新获得那些被囤积起来的货币（并且重拾信心，它们就会为了自己的利益而停止囤积行为），那么它们比任何其他机构都能更好地让这些重新获得的货币发挥作用，因为银行可以通过信用货币的形式将这笔钱放大许多倍。因此，任何能够恢复并支持人们对于银行信心的举措都是非常可取的。例如，如果公众在银行的存款得到了某些机构的担保，且这种担保令存款人很满意的话，那么一些被囤积起来的货币就会逐渐松动并且流回银行，从而有助于支撑信用货币。在美国，这种政府担保的应急之策已经被尝试使用过；但我要非常遗憾地说，由于担保人所提供的担保把一些“严重的风险”排除在外，从而无法为公众提供足够的信心，因此这一举措的效果并不太好。而在国外，担保政策则很明显已经收到了令人满意的效果。

比较适合充当银行担保人这一角色的是银行同盟、联邦储备系统以及政府。最为适合的还是政府，因为在经济萧条时期，银行自身也同公众一样恐慌，而此时只有政府是足够强大的，可以应对这种恐慌。1930—1931 年，加拿大政府为了给粮食的销售提供便利，为几家向粮食行业提供贷款的加拿大特许银行（chartered Canadian bank）提供了担保。这一交易是通过枢密院命令（Order of Council）制定特定法律条款的形式来完成的。[①]

为此，我已经提出过建议：应该扩大联邦储备系统，政府也应该通过把债券存在银行以支持信用货币的办法，来激发自身对信用货币更为直接的关注。除此之外，便再难找到驱赶走萦绕在银行及借款人身上的犹豫情绪的良方了。

刺激借款者和买家

政府可以提供一些补贴（仅仅是在危机存续期间），因为补贴可以起到负利率的效果。[②]

但是借款者之所以会犹豫不决还有另外一个原因。企业直到确定有了买家后才愿意借款；而在萧条时期，买家等着企业给他们以信心，然而企业只有恢复到按照正常的借款条件借款的情况下，才能让买家看到这种信心。如果买入行为可以被率先启动的话，企业的借款行为就会随之发生。为了达到（直接刺激买家）这一目标，一种独特的“印花美元（stamped dollar）”计划已经被设计出

① *Budget Speech* of Hon. Edgar N. Rhodes, Minister of Finance in the House of Commons, April 6, 1932. (F. A. Acland, Ottawa, 1932.)

② 参见附录Ⅶ来了解 Col. Malcolm C. Rorty、H. B. Brougham、E. F. Harvey 和 Byron De Forest 的一些建议。

来——一种对于囤积行为所征收的印花税。[①] 直到本书结稿之后，这一计划才引起了我的关注。它为我们提供了控制囤积行为的最为有效的方法，也指出了让经济走出萧条的可能最快的途径。

在本章中，我们已经了解了控制信贷、黄金以及货币流通速度的一些主要方法。对于货币流通速度的控制只是在情势非常紧急的情况下才应该考虑的手段。在一般情况下，通过公开市场操作所进行的信贷控制，再间或辅以对黄金实施的控制以及其他一些手段便足够了。

① 参见附录Ⅶ来了解 Silvio Gesell 的反囤积计划。该附录中还提供了更为充分的细节，包括本章中没有提到的一些稳定经济和通货再膨胀的方法。

第十一章　全球朝着货币稳定的目标所取得的进步

不完全是新的

在毕达哥拉斯后 2100 年，在哥白尼后 100 年，伽利略仍然不敢告诉人们地球是圆的，他不是担心会受到宗教的迫害（人们普遍认为他会担心这一点），而是害怕会遭到人们的讥讽。

患有肺结核的法国农民依旧关紧他们的窗户，唯恐让新鲜的空气进入室内而令他们的病情更加糟糕；大约 30 年以前，我们所有人都不相信空气可以治愈“重感冒”（肺结核表面上看来似乎是这样），我们总是被告诫不要让外面的空气进到屋内——房子还有什么别的功能吗？

从获得一种知识到对这一知识的普遍接受之间存在着一个时滞，肺结核知识的这个时滞要比天文学知识的这个时滞短一些，因为肺结核知识的应用对人们来说更具实际意义。而保持货币稳定这一问题的实际意义则居于上述两者之间。它是非常重要的，因为货币的不稳定是引发贫穷以及与贫穷相伴而生的一些疾病（包括肺结核）的一个主要原因。但是，同探究天文真相一样，由于受到一种看似非常有把握的判断但其实是错觉的影响，人们也没有太多的动力去探究货币的真相。但总体来说，全球国家朝着一个完善且有保障的货币单位的目标所取得的进展已经非常令人满意了。虽然我们还没有彻底实现这一目标，但要知道我们才刚刚为一目标努力了一百年而已。

1824 年，约翰·鲁克(John Rooke)[①]建议应该调控黄金的价格以抵消农场工人工资的变动(即使没有指数也很容易察觉这种变动)。

1879 年，著名天文学家，同时也是一部优秀的经济学专著的作者西蒙·纽科姆(Simon Newcomb)在《北美评论》(*North American Review*)上发表了一篇题为"价值的标准(The Standard of Value)"的文章。在这篇文章中，他详细介绍并大力推荐了一直以来人们所讨论的"美元补偿"计划。

1888 年，瑞典经济学家科努特·威克塞尔(Knut Wicksell)[②]提出了一个调控贴现率的详细计划。为了论证他的观点，他引用了韦斯(Weiss)的一部更早的著作。1887 年，英国杰出的经济学家艾尔弗雷德·马歇尔(Alfred Marshall)对美元补偿计划以及其他稳定货币的计划进行了阐述。其中有一项计划在实质上和公开市场政策是基本相同的。1898 年，博物学家艾尔弗雷德·拉塞尔·华莱士(Alfred Russell Wallace)建议通过采用一种有管理的货币的方式来实现货币的稳定。许多著名经济学家，如卡尔·门

① 参见 *Inquiry into the Principles of National Wealth*, Edinburgh, 1824。

② 参见 *Geldzins und Gutepreise*。

格尔(Carl Menger)、查尔斯·吉德(Charles Gide)以及E.本杰明·安德鲁斯(E. Benjamin Andrews)都早就预见到了凯恩斯教授目前正在大力推进的与"有管理的货币"相关的一些提案。

今天,尽管对于采取何种方法还没有达成充分的一致,但稳定世界货币单位的必要性已经得到了如下一些经济学家和商界人士的认同:

(在英国有)乔赛亚·斯坦普爵士,过去是经济学教授,现在是英格兰一家大型铁路公司的董事会主席以及英格兰银行的董事;雷金纳德·麦克纳(Reginald Mckenna),曾担任英国财政部(British Exchequer)大臣,现在是联合城和米兰银行(the Joint City and Midland Bank)董事会主席;洛德·达伯农(Lord D'Abernon),银行家,过去曾是英国驻德国的外交使节;约翰·梅纳德·凯恩斯(John Maynard Keynes),代表英国参加了《凡尔赛和约》的签订,并预言了该和约将会产生的经济后果;尊敬的佩西克-劳伦斯(Pethick-Lawrence),前国会议员;(在德国有)舒尔茨-加沃尼茨(Schulze-Gaevernitz)教授;(在瑞典有)古斯塔夫·卡塞尔(Gustav Cassel)教授,曾担任国际联盟(League of Nations)的官方顾问;(在挪威有)拉格纳·弗里希(Ragnar Frisch);(在美国有)凯默勒(E. W. Kemmerer)教授、约翰·康芒斯(John R. Commons)教授及其他一些人士。

1919年,美国成立了稳定货币联盟(Stable Money League),它就是稳定货币协会(Stable Money Association)的前身。

目前阶段所取得的进步

在一战期间，出现了将理论应用于实践的需求。美国经济协会（American Economic Association）的一个负责战时货币购买力问题的委员会（成员包括凯默勒、罗亚尔·米克尔、韦斯利·克莱尔·米切尔和沃伦·M.珀森斯在内）给出了如下报告："委员会通过国际协议来实现货币单位价值的稳定是可取的，同时从经济的角度来讲也是可行的。政治家和经济学家们应该立刻将关注点放在计划的细节、采纳这一计划的时间，以及国际协议是否是绝对必要的等问题上。"

一战后的1922年，来自35个国家的代表在热那亚一致通过了一项决议，其部分内容如下："欧洲经济重建的一个最为基本的先决条件就是，每个国家都能实现其货币价值的稳定。"同时，该决议还给出了"避免黄金的购买力出现宽幅波动从而导致……"的具体步骤。

道威斯赔偿计划（Dawes Reparation Plan）包含了这样一项条款（主要是由乔赛亚·斯坦普爵士促成），即根据物价水平的变化，调整要求德国赔偿的数额。不幸的是，杨格计划中并没有包含这一条款。

据报道，瑞典中央银行已经为瑞典采纳了一项明确的稳定政策，他们利用一种新的指数作为指导，瑞典一份杂志[1]中的一篇文

① *Skandinaviska Kreditakttebolaget*, No. 4, October 1931, article on "The Suspension of the Gold Standard."

章大力赞扬了这一举措，这与英国所做出的声明相得益彰。

在这篇文章发表之时，瑞典和英国以及其他许多国家都已经脱离了金本位制，尊敬的佩西克－劳伦斯询问了它们之间的合作情况，指出这些国家中的许多都已经选择将自身同英镑纸钞（paper pound）而不是黄金联系起来，将英镑纸钞作为一种国际本位。他证实了英国自从被迫脱离金本位制度后进行货币调控的好处，物价水平随即便出现了上涨，他还预言，除非黄金也能进行调控和管制，或者像他所说的成为“宪法规定的最高统治者，不再掌握独断专行的权力，却会按照人民的意愿来引领国家的命运”，否则英国可能不会再重新回归金本位制了。

在许多人看来，“当物价达到一种能够带来充足的利润边际的水平，或者失业人口降到 100 万人以下时，建立一个物价水平稳定系统”①是英国的意图。事实上，在 1931 年，由洛德·麦克米兰（Lord MacMillan）所领导的麦克米兰金融与工业委员会（MacMillan Committee on Finance and Industry）提交给国会的一份报告中说：②“只要我们的国家有能力影响国际物价水平，那么我们的首要目标就应该是将物价水平在现在的基础上提高一个较大的幅度，然后将其保持在这一水平之上，且具有可控的稳定性。我们建议这一目标应该作为这个国家的货币政策指导目标而被采纳。采纳这一目标本身就会带来重大而显著的变化。因为在一战前，几乎没有人认为物价水平能够或者应该成为关注的中心或当

① 来自一封写给本书作者的信。

② June, 1931, pp. 117－8.

务之急，更别说会成为英格兰银行或其他国家中央银行金融政策的主要目标了。”

以前在塔夫脱*执政期间，曾有一份旨在呼吁召开关于物价水平的国际会议的决议通过了参议院的审议，但由于提交到众议院的时间太晚，因此未能赶在该届国会于1913年任期结束之前而生效。

1932年5月14日，众议院货币制度及度量衡委员会(the House Committee on Coinage, Weights and Measures)的一个下属委员会建议总统召开一次国际货币会议。6月，麦克唐纳(MacDonald)首相就美国是否应该考虑召开一次关于提高并稳定商品价格水平的会议向美国国务院征询意见(国务院给出了积极的答复)。后来，美国收到并接受了正式的官方邀请，会议由国际联盟负责召集，探讨的范围涵盖了包括物价水平在内的国际经济领域中的几乎全部问题。

美国的立法运动

《联邦储备法》最初被称为格拉斯—欧文法案(Glass-Owen bill)，1913年，在其最早的一部草案中，里面有一个稳定条款是由参议员欧文提出的，然而这一条款最终被代表众议院参加商讨的代表给否决了。

---

* 威廉·霍华德·塔夫脱(William Howard Taft, 1857年9月15日至1930年3月8日)，美国第27位总统(1909年3月4日至1913年3月3日)。

众议员赫斯特德(Husted)于1919年提出了一项稳定法案;而后,众议员达林格(Dallinger)、戈兹布拉夫(Goldsborough)(1922年)和斯特朗(Strong)(1926年)也建议采取类似的措施。针对后面这两项法案都进行了广泛的听证会,尽管起初公众对该类法案并不太关心,但随后公众的关注度便以惊人的速度增长。

近来,美国国内已经感受到了来自于公众的要求加强这一领域立法的真实压力。美国农场局联合会(American Farm Bureau Federation)早在几年前就设立了一个稳定委员会。该组织以及其他的两家龙头农业组织〔全国农场主联盟(National Farmer's Union)和全国农会(National Grange)〕对于稳定建议都给予了积极的支持。一些劳工组织也在一定程度上表示了支持,例如美国劳工联合会(American Federation of Labor)。

联邦储备系统所做的工作

与此同时,联邦储备系统为了实现稳定也做了一些实际的工作,这些工作是悄悄开展的——几乎是秘密进行的。已故的纽约联邦储备银行总裁本杰明·斯特朗(Benjamin Strong)同其他四家储备银行的总裁组成了一个非官方委员会,该委员会成立的目的之一便是利用公开市场政策来防止后来威胁美国经济的通货膨胀。斯特朗的委员会后来被联邦储备委员会接管了,并被扩充成为一个包括所有联邦储备银行总裁在内的委员会。但是除了斯特朗以外,这个委员会的成员从来没有非常肯定地接受过稳定的基本理念。

斯特朗本人不愿意公开、明确地对于稳定政策表示支持态度，甚至有记录表明他曾在国会反对出台一项关于稳定的议案。但在他临终前，他私下里表达了自己对于这一议案的认可，并帮助起草了该议案最后一稿的框架。他还宣称，只要联邦储备委员会公开声明他们支持这一议案，他也愿意公开发表声明支持它，然而，联邦储备委员会却拒绝这样做。这一议案就是众议员詹姆斯·斯特朗（并非斯特朗总裁的亲戚）提出的议案。

1932年的《戈兹布拉夫法案》

然而，众议员斯特朗和艾伦·戈兹布拉夫却一直在众议员中间进行着关于稳定政策的教育宣讲，而且一坚持就是十年。最终，在1932年，主要是设计用来通过再贴现和公开市场政策来服务于全国物价水平这一特定目的的《戈兹布拉夫法案》被提交投票表决。

当然，《戈兹布拉夫法案》只是第一步。对于美国来说，一个完善的货币体系将不会仅仅依靠联邦储备系统。它应该将全部货币（而不仅仅是存款货币）都置于一个常设机构的控制之下，比如一个全身心致力于这一目标的委员会。这样一个委员会的工作将不会因一些与其主旨无关的私人问题而变得复杂化，例如那些困扰着银行经理的问题，而它却会得到来自众多银行经理以及所有职能与货币有牵连的政府机构的合作。为了计算价格指数、研究工资和其他一些问题，它可以获得劳工统计局的合作。它还会获得财政部、铸币厂以及（最重要的）联邦储备系统的合作。该委员会还将与当地的、外地的以及国际的一些银行进行合作。关于这样一个委员会的具体细节可以参见附录Ⅵ。

众议院以一个压倒性的表决结果 289∶60 通过了《戈兹布拉夫法案》。尽管获得了来自各方，包括农业和劳工组织的大力支持，但当它被提交到参议院银行和货币委员会时，却遭到了否决。参议员格拉斯是《戈兹布拉夫法案》未能获得通过的罪魁祸首，他在 1913 年供职于众议院时就利用其影响力从《格拉斯—欧文法案》（后来成为《联邦储备法》）中删除了稳定条款。

该法案之所以遭到反对是因为它引发了一种担忧，即它将迫使美国脱离金本位制，并开启一场有如德国式的无法控制的通货膨胀。这种担忧情绪在国外表现得尤其明显。造成这种担忧的原因部分出于现实的理由，如黄金的不确定性局面以及将物价推高到法案期望达到的 1921—1929 年水平的一种看似不可能性，但更主要的原因还是在于对该法案的误解和因此而导致的歪曲报道，从而令已经因持续太久的萧条而绷得过紧的公众神经再次遭到了过度的刺激。

对《戈兹布拉夫法案》的反对之声

《戈兹布拉夫法案》的一些反对者称，该法案所寻求的对价格的调控是有悖于“供求法则”的。轻率地提出这种反对理由的人既没有意识到供给和需求是以某一个价格水平为先决条件的，[①]也

① 可参见 *Elementary Principles of Economics*, by Irving Fisher, MacMillan, 1928。

没有理解个别商品价格与整体价格尺度之间的区别。

更加无理取闹的是那些将《戈兹布拉夫法案》贬斥为"通胀"法案的人。当该法案被提请审议时，美国所面临的主要问题是通货紧缩；而要想治愈通货紧缩这个弊病，唯一的办法就是实行一定幅度的"通货再膨胀"，也就是说，采用通货膨胀的方式来应对近期迅速发展的、严重的通货紧缩是非常合理的。但是，"通货膨胀"是一个有着臭名昭著的历史的词汇；那些使用这一词汇的人所暴露出来的对经济学的无知其实是更加危险的，因为他们居然还在使用一个历史词汇。

看问题要看实质

许多公开指责《戈兹布拉夫法案》为通货膨胀法案的人本身都明确支持财政部部长奥格登·米尔斯(Ogden Mills)先生所描绘(和主张)的"有调控的信贷膨胀"政策。有调控的信贷膨胀和有调控的通货膨胀(或通货再膨胀)实际上完全是同一回事。有调控的通货膨胀正是联邦储备银行长期以来一直执行的在公开市场上购买债券行为的目的，这些公开市场操作得到了许多保守银行家的支持。全国城市银行(National City Bank)1932 年 5 月的官方出版物称："为重振商业和提高物价水平所做的工作应该在各地都得到支持。联邦储备系统正在以身作则。"

最后，有些人认为《戈兹布拉夫法案》将把过多的权力集中于身居华盛顿的一个小型委员会的手里。但联邦储备委员会早就拥有了这样的权力，并且通过使用或未使用这样的权力而给经济造成了足够的伤害，因为他们无论是使用还是未使用这样的权力，都没有合理地参考物价水平。而《戈兹布拉夫法案》则明确了他们对于物价水平负有责任；物价水平至少会对其权力构成一定的限制——目前就信贷膨胀和信贷收缩（也就是通货膨胀和通货紧缩）来讲，他们的权力是无限的。联邦储备委员会先前的一位成员曾经将联邦储备系统描述为“漫无目的”。它是没有指导而滥用权力的一个很好例证。

美元的不良记录

然而，最荒谬的反对理由莫过于主张（种种阻挠中所暗含的）健全的货币就是过去几十年我们这些受折磨的几代人所拥有的这种货币。健全的首要要求是稳定；而美元购买力的稳定性是与物价水平的稳定性相挂钩的。那么美元具体有多稳定可以通过下面的这张描述其从1860年到1932年历史的图中判断出来（见图6）。

这一曲线有一天应该被刻在不稳定货币的墓碑上。而它也是产生无数真实墓碑的罪魁祸首，这些墓碑的主人包括因劳资双方的争斗而被打死的成年人和饿死的孩子，因为这类争斗基本上是由这一曲线而导致的。该曲线中所包含的每一次下降，包括无数次极小幅度的下降，都意味着成千上万的债务人（在无意之中）被他们的债权人占了便宜；而曲线中的每一次上升则都意味着成千上万的债权人（在无意之中）被他们的债务人占了便宜。无论是在债权人阵营中还是在债务人阵营中，都是既有穷人又有富人。例如，我们假设一个穷人在抵押贷款的帮助下建起了一间房子。他

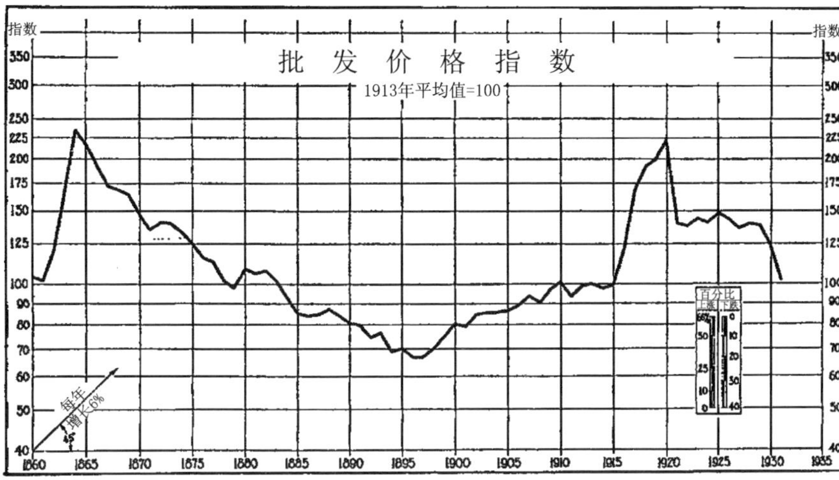

图 6

在 1865 年借了 1,000 美元；到了 1896 年，他已经支付了全部的利息并且偿还了本金 1,000 美元——此时的 1,000 美元的购买力相当于 1865 年时的 3,000 美元。再举一个穷人作为债权人的例子，某人于 1896 年将 100 美元存入银行，1920 年他取回了 256 美元（包括复利利息），然而此时这些钱的购买力仅相当于 1896 年的 77 美元。

如果我们把 1913 年时的 1 美元当作 100 美分来看待，那么下面的这张表就向我们展示了自 1860 年以来的不同时间 1 美元的不同购买力。

1860 年	96 美分
1865 年 1 月	47 美分
1896 年	150 美分
1913 年	100 美分
1920 年 5 月	45 美分

1922 年	72 美分
1923 年	69 美分
1924 年	70 美分
1929 年	71 美分
1930 年	81 美分
1932 年	98 美分
1932 年 3 月 19 日	111 美分
1932 年 6 月第 3 周	118 美分

换种表示法，如果 1929 年 1 美元是 100 美分，那么 1932 年 6 月第 3 周 1 美元就是 162 美分。

我们的上述算法并没有把一战期间及战后国外所发生的情况考虑在内。这一期间各国出现了德国人所谓的“灾难景气(calamity booms)”，它使得很多中产阶级的人群被消灭掉，很多人都死掉了，原因包括自杀，因为他们的收入(包括工资和债券利息)并没有跟随物价的上涨而上涨。在英国，1913—1920 年间，物价水平上涨超过 3 倍；在法国，物价水平上涨超过 5.25 倍；在意大利，超过 6.5 倍。在奥地利，在 1914—1922 年间，物价水平上涨超过 17,000 倍；1925 年则超过了 21,000 倍。在俄国，1922 年的物价水平上涨了 400 多万倍；而到了 1923 年，这个数字变成了 60 亿。在德国，1920 年的物价水平仅上涨了 15 倍，而到了 1923 年通货膨胀达到疯狂之时，物价上涨达到了超万亿倍的天文数字。[①]

① 1923 年 12 月为 1261560000000 倍。另外一个由官方给出的数字(1923 年 11 月)为 1422900000000 倍。

战争，导致不稳定的因素

从导致货币紊乱（几乎同战争一样残酷）这个角度来讲，战争是打造稳定货币体系的一个最大障碍。没有什么货币设施是战争破坏不了的。战争所产生的债务、战时通货膨胀及战后通货紧缩的规模和范围之大，即使是设计再精细的制度也不可能对其产生有效遏制。

但那种认为能够有效解决边境争端的措施（即司法体系）不应该被用来化解战争的观念是没有道理的。因为战争同边境地区的枪战一样，是一种原生态形式的诉讼，只要有些东西可以引起争议并引发诉讼，而且提起诉讼又没有其他的方法，那么战争就会不断出现。战争罪不在我的知识领域之内，但我认为现在没有学者会把第一次世界大战的全部罪责都归咎于一个国家。有些人认为这次战争的几乎全部责任都应由洛斯·迪金森（G. Lowes Dickinson）所称的“全球混乱（The International Anarchy）”[①]来承担，在全球混乱的情况下，各国都要应对其所面对的商业竞争。为了避免战争，力量的平衡成了一种安全保证；而它也的确在一段时间内维护了和平。但局面迟早会恶化的，因为任何力量的平衡都不会保持长久。按照上述这种观点，当平衡被打破之时，所有欧洲大国都像那两个实力稍逊一筹的邪恶国家[*]一样不情愿地选择了

① 参见以此命名的作者的一本专著。

* 指“一战”同盟国一方的德国和奥匈帝国。——译者注

战争。

由于国际诉讼要比国内诉讼晚出现 100 年，因此达成取代战争这一目标的第一步自然一定是带有准司法性质的，尚不可能是完全司法性质的。

我们能保持资本主义吗？

我们所面临的威胁总是由那些利用了人们想过上更好生活的愿望的人所制造出来的。而这种威胁正变得越来越现实，看看 1919 年的俄国和 1932 年智利的情况吧。

战争与不稳定的美元（伴随它而来的饥饿和罢工）都会令一些观点有机可乘。我们所谓的资本主义体系被称作私人利润体系（System of Private Profits）可能更为适合些；经济萧条属于利润病的一种，资本主义尤其容易患上这种病。拥护资本主义的代表性人物尼古拉斯·穆雷·巴特勒（Nicholas Murray Butler）近来宣称，资本主义体系目前仍处于试验中。如果他的话是对的，那么这就意味着资本主义必须进行一次内部清洗，把经济萧条这个污点从利润体系中抹去，否则某些形式的社会主义就会把资本主义的整个大厦彻底摧毁。因为利润总是受不稳定的美元的支配，一旦物价水平下降，利润就有彻底被吞噬的可能，而债务的本金和利息却不会消失。

各个层次的社会主义思想家们都联合起来反对私人利润，并认为，如果没有这种利润的存在，危机便不会产生。于是，1929—1932 年资本主义世界所面临的困境就成了俄国人的笑柄，虽然他们自身经济也不是很繁荣，但显然是处于上升通道中，而我们的经济却是在下滑。在这里，我不想讨论两种经济制度各有哪些优势。资本主义总是夸赞自己对积极性的奖励；而社会主义则宣称自己同样可以激励人们的积极性，而且可以让这种积极性的发挥更少地出于自私的动机。但就当前所要达到的刺激经济的目标来说，无论是资本主义体系还是社会主义体系都要被迫互相借鉴对方的优点。例如，资本主义体系并不完全是资本主义性质的：我们看看资本主义国家政府本身，再看看公立学校、邮局以及巴拿马运河。从另一方面来看，作为唯一一个进行大规模社会主义试验的样板的俄国，在过去的10年间或许也朝向资本主义迈出了如同我们在过去的1,000年间朝向社会主义所迈出的一段距离。

与此同时——为了以本书开篇的引语作为本书的结束——在为我的一本小书《货币幻觉》（*The Money Illusion*）所撰写的序言中，敬爱的乔赛亚·斯坦普爵士这样写道："货币，作为一种有形的交换媒介，使多元化的文明成为可能；然而，也正是把我们带到了当前状况下的货币，通过其对人们所施加的精神效应，但更多的是通过其自身的运行机制，实际上摧毁了我们的社会。"

附　言

正当本书付梓之时（1932年9月），经济复苏的曙光似乎已经初现。在大约两个月的时间里，股票价格已经翻倍，商品价格更是上涨了5.5倍。最早上涨的是欧洲股票的价格，而欧洲买家也是美国股票市场所感受到的最早一批买家。

目前的这种发展态势可能是由多种原因促成的,包括货币数量或货币流通速度的增加,或二者全都增加。但事实上,货币流通速度提高了而货币数量(起初)却微幅减少了。这种看似矛盾的现象预示着物价的上涨。而相反的情况,即货币流通速度下降而货币数量增加则预示着物价的下降。人们的信心之所以被激发起来,一方面是因为《洛桑协定》实际上免除了德国的战争赔款,一方面则是因为我们国家宣布已经为通货再膨胀做好了准备。这些都使得那些被囤积起来的货币被解冻,并提高了价格;而抵押品价值的提升则鼓励了一些一直在苦苦支撑的债务人清偿债务,这会暂时降低信贷货币的流通速度。然而,下列这些举措已经为进一步的通货再膨胀打下了基础:近期颁布的允许增加纸币发行量的《格拉斯通货膨胀法案》;2 月份颁布的"解放"黄金的《格拉斯—斯蒂格尔法案》;随之发生的联邦储备系统史无前例规模的公开市场操作;复兴金融公司(Reconstruction Finance Corporation)* 的信贷操作;《家庭贷款银行法案》(Home Loan Bank Act)及其他具有通货再膨胀性质的举措。银行已经逐渐获得了"流动性"。黄金也开始从欧洲流回美国。

如果大萧条真的即将结束,那么显然它更多的是人类努力的结果,而非向均衡回复的经济自然规律的结果。

然而,近来人们努力控制物价水平的最令人瞩目的案例发生在瑞典。据卡塞尔教授介绍,本书第十一章中所提到的举措"已经

* 1932 年,胡佛总统为应对大萧条而设立的复兴金融公司是美国中小企业管理局(SBA)的前身,主要向在经济危机中受到损害的公司提供联邦贷款,其职能在此后的罗斯福总统任内得到了进一步强化。——译者注

得到了非常成功的实施。瑞典货币当前的购买力，在可避免的统计误差范围内，正好相当于去年9月的购买力。这一成就具有非常重要的意义。它表明，对于纸币的购买力进行有计划的调控是可能的；中央银行通过适当的政策是可以控制纸币的价值的”。[①]

① 参见 *Quarterly Report* of the Statistical Department of the bank "Skandinaviska Kreditaktiebolaget," Gothenburg, Stockholm, Malno, Sweden, July, 1932。

附　　录

附录Ⅰ　九大因素按发生时间的一个大致的典型次序

下面这张关于九大因素的发生和再发生(连同廉价销售)的表尽管还不够充分,但还是向我们展示了萧条时期各种因素盘根错节发生的复杂图景,其大致的次序还是符合本书正文中所提到的通常次序。(每个因素及该因素的细分因素在第一次发生时我们用斜体来标示。括号中的数字表示我们在正文中最初阐述这些因素时所依据的次序。)

Ⅰ　(7)轻微的*悲观情绪*出现,*信心*出现动摇

(8)*货币流通速度*微幅下跌

(1)债务*清偿行为*出现

Ⅱ　(9)安全贷款的*货币利率*降低

(9)但不安全贷款的货币利率提高

Ⅲ　(2)*廉价销售*

(7)悲观情绪加重

(3)*证券价格下跌*

(1)更多的清偿行为

(3)*商品价格下跌*

Ⅳ　(9)*实际利率上涨*;实际债务水平提高

(7)悲观和不信任情绪继续加重

(1)更多的清偿行为

(2)更多的廉价销售行为

(8)货币流通速度进一步降低

Ⅴ　(2)更多的廉价销售行为

(2)*存款货币的数量减少*

(3)货币进一步升值

Ⅵ　(4)*净值的减少*

(4)*破产*企业的增加

(7)悲观和不信任情绪进一步加重

(8)货币流通速度继续减慢

(1)更多的清偿行为

Ⅶ　(5)*利润的减少*

(5)*亏损的增加*

(7)悲观情绪的加重

(8)货币流通速度更慢

(1)更多的清偿行为

(6)*股票交易量减少*

Ⅷ　(6)*建造活动减少*

(6)*产出量减少*

(6)*贸易量减少*

(6)*失业*

(7)悲观情绪更加浓重

Ⅸ　(8)*出现银行挤兑现象*

Ⅹ　(8) *出于自我保护的动机,银行削减贷款*

(8) *银行变卖投资*

(8) *银行破产倒闭*

(7)不信任的气氛加重

(8)囤积货币行为加剧

(1)更多的清偿行为

(2)更多的廉价销售行为

(3)货币继续升值

我们已经说过,上述次序(或者关于此主题的任何次序)都只是一种大致的情况,在不同时期和不同地方都可能发生变化。它只是代表了我当前对于本书选来详细研究的九个因素在不受太多干预的情况下最为可能的一种发生次序的猜测。

但正如我们也已经做出澄清的,一个因素接一个因素发生作用的想法本身就是狭隘的,因为在因素(1)对因素(2)起作用的同时,它也直接对因素(7)产生了作用,因此我们实际上需要拥有一个充满分叉,最好是由一个交互的网络所构成的图景,在这一网络之中,每个因素都既影响着许多或全部其他因素,同时也受许多或全部其他因素的影响。

附录Ⅱ 关于九大因素现有的分类数据

为了充分回答第六章中提出的问题，必须进行一番统计研究。下面这些指标的数据在当前都可以获得，它们基本上都比较适合作为统计研究的原始数据。

债务：

获取自银行的经纪人借款；

获取自“其他途径”（如企业）的经纪人借款；

银行抵押贷款；

其他银行贷款；

分期付款销售贷款；

公司债券；

农产抵押贷款；

非农产抵押贷款；

市政债券；

州债券；

联邦债券；

与国外之间的贷款——政府间贷款或非政府间贷款。

（上述各类债券都可以按照期限长短和安全性等进一步

分类。)

货币——数量和流通速度:

以支票来提取的个人银行存款;

银行存款的流通速度;

"流通中的货币";

囤积行为;

贷款—负债比率;

银行投资。

价格:

按照普通股和优先股,铁路股、工业股和公用事业股,以及上市交易股和未上市交易股等方式进行分类的股票的价格;

债券(参见下面"利率"那一段);

按照消费性商品和生产性商品,原料商品、半成品和产成品,农产品和非农产品等方式进行分类的商品的价格;

房地产价格;

租金;

工资。

净值:

银行破产(数量及所涉及的价值);

商业破产(数量及所涉及的价值)。

利润:

红利的支付;

企业利润;

利润和收益的占比。

贸易、生产和就业：

贸易量

股票的交易量；

未完成订单；

铁路货运量；

巴拿马运河运输量；

货运的净吨英里数。

贸易的价值（价格乘以贸易量）

百货公司销售额；

连锁店销售额；

农产品交易额；

进口和出口；

邮寄凭证；

铁路货运凭证；

铁路系统总收益；

新发行的证券；

人寿保险；

广告；

发生在纽约的结算活动（及借记入个人账户的数额）；

发生在纽约以外的结算活动（及借记额）。

产出

生铁产品；

煤、铁、铜、木头、棉花（生产出来的或被消费的）、汽车及某些其他重要品类；

运转中的鼓风炉的数量；

电力消费；

农产品；

牲畜。

设备

建筑许可证；

住宅类；

商业类；

工厂类；

公共建设工程和公用事业类；

其他各类。

就业

就业人数；

工资支出总额；

所有行业的情况；

特定行业的情况。

利率：

通知贷款利率；

商业票据利率；

承兑利率；

实现的债券利率；

工业；

铁路；

政府；

储备银行的再贴现率。

上面的数据中唯一没有提到的九个循环趋势中的一个便是心理因素，也就是信心和失望情绪交替变化的情况。但其他一些统计数据或多或少都可以反映出心理方面的这些变化，例如囤积行为，活期存款，定期存款，从这两类存款账户中分别提取的存款，黄金的出口量，所谓的“流通中的货币”，银行存款的流通速度，高级别债券和低级别债券之间价差的变化情况，银行发行的票据、美联储发行的银行券以及金券之间各自所占比例的变化情况，等等。[①]

① 参见 *The Journal of Political Economy*, Vol. XL, No. 1, February, 1932, "Distrust of Bank Deposits as Measured by Federal Reserve Note Issue," by Harold L. Reed。

附录Ⅲ　导致1929—1932年大萧条的债务的统计数据

国际私人债务

表3　美国在海外的私人长期投资*（百万美元）

年份	数额
1912	1,902
1922	8,020
1923	8,877
1924	9,135
1925	10,004
1926	10,876
1927	11,684
1928	12,656
1929	13,973
1930	14,764
1931	15,170

* United States Department of Commerce. *A New Estimate of American Investments Abroad*, pp. 24－25.

公 共 债 务

联邦债务的数额(战争期间自然是大幅度增长的)下降得非常迅猛,直到 1931 年为弥补财政赤字所采取的新的借债举措重新带来了 20 亿美元的债务增长。从 1914 年 6 月 30 日到 1919 年 6 月 30 日,联邦债务总额增长了 21 倍。

州及地方政府的债务在 1922—1928 年的六年间增长了 76%,年增幅约为 12.67%。1922 年的这一数字为 71.536 亿美元(估计值)。

美国 146 个拥有 3 万户以上居民的城市的债务额自 1913 年以来一直保持增长态势。这 146 个城市的债务额从 1903 年的 23.19 亿美元增加到 1929 年的 71.92 亿美元。银行变得非常谨慎,它们拒绝向芝加哥、费城、纽约以及其他一些受债务困扰的城市发放贷款,直到这些城市能够拿出足够的证据表明奢侈性的消费在它们的城市已经绝迹。

人均债务水平(联邦、州及地方)在 1919 年之前增速非常快,并于 1919 年达到 291.95 美元的峰值水平。随即便下滑至 1930 年 246.08 美元的水平,此后又一路攀升,于 1931 年 12 月达到 271.18 美元的水平。表 4 给出了全国工业协商委员会(National Industrial Conference Board)对于 1928 年之前(包括 1928 年)州和地方政府债务所做出的估计。而表中 1928 年以后关于这类债务的估计数据则是由罗亚尔·米克尔博士给出的,它们只是些粗略的近似值,但也不可能有太大的出入。协商委员会已经计算出了1922—1928年间各年州及地方政府债务与全国有形财富的比率。这些比率非常有趣，但由于估算全国总财富的工作中有太多猜测的成分，因此这些比率无法令人信服。根据委员会的估计，从1917年到1919年，单位资产（per capital，即每1,000美元的财富）所对应的公共债务增长了2.5倍，而人均债务则增长了5.25倍。单位资产所对应的债务额在1922年达到了最大值，为1915年时的3.5倍。随后，这一数值急剧下跌，于1925年触底后又重拾升势至1927年，然后又开始下跌，至1929年企稳。以1929年为基期，这一数值在1930年增长了9%，而到1931年12月这一数值则增长了67%。从1929年到1930年，人均债务额微幅下跌；而从1929年到1931年12月，人均债务额仅增长了8%（见表4）。

表4 联邦、州及地方政府的债务合计

财年	州及地方政府债务（百万美元）	联邦政府债务（百万美元）	联邦、州及地方政府的债务合计（百万美元）	人口（百万美元）	人均合计公共债务	以当期美元计算的总财富额（十亿美元）	每千美元的合计公共债务（美元）
1915	4,357.4	1,191.3	5,565.7	99.3	56.05	200.2	27.80
1917	4,917.6	2,975.6	7,893.2	102.2	77.23	351.7	22.44
1919	5,173.8	25,482.0	30,655.8	105.0	291.95	431.0	71.13
1922	7,153.6	22,964.1	30,117.7	109.9	274.05	320.8	97.19
1925	9,802.7	20,516.3	30,319.0	115.4	262.73	362.4	83.66
1926	10,702.7	19,643.2	30,345.9	117.1	259.14	356.5	85.12
1927	11,717.8	18,510.2	30,228.0	118.6	254.87	346.4	87.26
1928	12,608.7	17,604.3	30,213.0	120.0	251.78	360.1	83.90
1929	13,365.2	16,931.2	30,296.0	121.4	249.56	361.8	83.74
1930	14,033.4	16,185.3	30,218.7	122.8	246.08	329.7	91.66

（续表）

1931 (12月末)	16,061.2	17,825.4	33,886.6	124.9	271.31	241.2	140.50

本表中所包含的1915—1928年间各年的州及地方债务数字取自全国工业协商委员会发布的*Cost of Government in the United State*，1928—1929。而1928年以后的债务数字则是粗略的估计。总财富额的数字取自the *Conference Board Bulletin* No. 62，February，1932。1931年12月底的数字是由Royal Meeker博士估计出来的。总财富额估计值的得出是基于这样的假设：有形财富的数量同1929年一致，而其以当期美元所表示的价值由于美元购买力的提高而下降了1/3。

* 以当期美元计算。

其他国家公共债务的情况甚至更糟。在德国，几乎全部的国内公共债务都由于马克的“贬值”(1万亿：1)而一笔勾销。在德国、法国、波兰、奥地利和俄国，货币的贬值也抹去了绝大部分的国内债务。

表5提供了以英镑来表示的英国国家和地方债务的增长情况。

表5　英国的公共债务

	英国政府的债务总额（英镑）	地方政府的债务总额（英镑）	国家和地方债务总额之和（英镑）
1914	706,154,110	562,630,045	1,268,784,155
1915	……	……	……
1916	……	565,556,617	……
1917	……	557,983,804	……
1918	5,921,095,819	550,508,799	6,471,604,618
1919	7,481,050,442	544,184,848	8,025,235,290
1920	7,875,641,961	555,145,292	8,430,787,253
1921	7,623,097,128	657,760,895	8,280,858,023

（续表）

1922	7,720,532,214	768,566,752	8,489,098,966
1923	7,812,562,525	803,880,725	8,616,443,230
1924	7,707,537,545	820,262,540	8,527,800,085
1925	7,665,880,145	864,882,330	8,530,762,475
1926	7,633,722,502	934,656,498	8,568,379,000
1927	7,652,687,904	1,027,857,547	8,680,545,451
1928	7,630,972,670	1,121,258,965	8,752,231,635
1929	7,620,853,547	1,174,984,992	8,795,838,539
1930	7,596,210,899	……	……
1931	7,582,899,661	……	……

资料来源：Statistical Abstract for the United Kingdom, 1932, pp. 140, 196－7.

美国的农产抵押贷款情况

用过度生产理论解释萧条产生的原因是有一定道理的，这一理论尤其适用于我们的农场，然而，我们的头脑中必须有这样一个概念，即过度生产虽然是诱发其他情况的因素，但它本身也是其他因素所诱发的结果。而它对于农场所产生的结果是非常现实的。只要你有钱，你就可以不断地购买能给你带来便利的商品和奢侈品。而只有当你感到饥饿的时候才会购买食品。从这方面来讲，当前所发生的萧条与1921年的萧条是不太一样的。1921年，农业基本上没有出现过度生产的情况。的确，在这两次萧条中，农产品的价格都下降了。但在1930年，农产品价格下降的幅度要远远大于没有增加生产的情况下的下降幅度。1917—1920年间出现的农产品价格走高的现象使得大量的土地被投入耕作，再加上农业的改良，这些因素都促使农产品价格降到生产成本之下，从而对农民造成了伤害。

另外一个不利条件差不多是为农民所专属的。当耕地面积到了必须缩减的时候，农民的不可流动性便显露出来。由于无论是丰产还是歉收，农民都要固守其土地，因此他们便进一步成为其债务的受害者。在1910—1928年间(其间出现过一次通货膨胀，也出现过一次通货紧缩)，美国农场的净值从356亿美元增长到430亿美元；然而同时期的抵押贷款债务增长得更快，从36亿美元增长到95亿美元。最终的结果是，1910年，农民的资产净值相当于所有农场(无论是抵押的还是未抵押的)总价值的90%；而到了1928年，这个数字降为78%(见表6)。

表6　农产抵押贷款情况*

年份	贷款数额(亿美元)	农场价值(亿美元)	债务与农场价值的比率
1910	35.990	356	10%
1920	78.577		
1925	93.606		
1928	94.685	430	22%
1930	94.000		

*　根据 *Year Book of Agriculture*, 1931以及United States Department of Agriculture所准备的油印资料"Total Farm Mortgage Debts in the United States"编制而成。

参见Report of the Secretary of Agriculture for 1931, p.31。

如果从货币价值的角度来看，那么结果比上表中所显示的结果会更加糟糕。加在农民身上的实际债务负担其实比表中的数字所反映的负担要更重。到目前为止，农民所出售的农产品的价格降到只有1929年价格的45%，[①]而其他所有商品的价格都只下降到1929年价格水平的65%。以1929年为基期，由于农产品美元(farmer's produce dollar)的价值*已经升为原来的2.2倍**，因此抵押贷款债务名义上20%的减少相当于农民抵押贷款负担实际上增长了75%***。至于当前其他农业贷款，实际债务的增长幅度为111%。

除农产抵押贷款外的其他抵押贷款

华盛顿布鲁金斯学会不动产研究委员会的约翰·格雷(John H. Gray)和乔治·W.特伯格(George W. Terborgh)教授发布的一份报告[②]为我们提供了众多机构所持有的非农不动产第一抵押贷款(first mortgage)****的相关信息，大致情况如下：建设与贷款协会，66亿美元；互助储蓄银行，48亿美元；人寿保险公司，40亿美元；其余全部银行，64亿美元。报告作者又补充道："当我们意识到这一统计完全没有考虑抵押贷款公司、火灾保险公司、教育及其他机构、基金会、信托公司以及个人投资者时，上述统计结果有多么不完美便显而易见了……但确定无疑的是，总体的数字相

① 参见*Crop Reporterf*, February, 1932, p. 87。

* 即货币相对于农产品的价值。——译者注

** 即1美元的货币可以购买2.2倍原来数量的农产品，1÷45%≈2.2。——译者注

*** 即2.2×(1-20%)-1≈0.75。——译者注

② *First Mortgages in Urban Real Estate Finance*, by John H. Gray and George W. Terborgh, Washington, D. C., 1929.

**** 同一不动产做数个抵押，第一抵押有优先受偿之权。——译者注

当庞大。似乎得出这样的结论是比较保险的，即美国非农不动产第一抵押贷款总额超过250亿美元。”

这一估计没有包括全部的二级抵押贷款及其他非优先抵押贷款。保守估计，1928年非农产抵押贷款债务总额不少于295亿美元，而1929年则为370亿美元。1920年非农产抵押贷款债务总额大约为96亿美元，到1929年这个数字大约增长了3倍。从1929年到1932年年初，各类非农产抵押贷款数额据估计减少了约110亿美元，这一数字可能过于保守了。

企业的长期和短期债务

计算企业总的债务及其变化是没有什么可靠的方法的。《商业与金融纪事报》(*Commercial and Financial Chronicle*)会对所有的新发行债券以及发新债偿旧债的行为进行报道，然而企业长期债务和短期债务的偿付情况却没有办法计算。据卡尔·斯奈德估计，1926年企业债券的总额大概在300亿到400亿美元之间。如果这一估计是准确的，那么这似乎就意味着1929年长期债券以及短期债券和票据的总额约为650亿美元。沃伦教授则引用了国内税收专员办公室(Office of the Commissioner of Internal Revenue)的首席统计学家怀特(E. White)先生所给出的760.96亿美元作为1929年企业债务的权威数据。而自1929年以来企业美元债务的减少很可能不少于114.14亿美元或15%。

1919年，企业债券——无论是新发行的还是以发新债偿旧债的形式发行的在所有证券发行中所占的比重仅为23.1%。1920

年这一比重提高到了41.6%，到1921年则提高到了79.1%，此时工业正处于继1920年的经济崩溃而出现的萧条的谷底。长期债券所占的比例持续下降，这种状况一直持续到1926年和1927年，这两年开始呈现出微幅的提高，分别为66.9%和68.7%。1928年，股票市场牛市当道，长期债券所占的比例突然暴跌至45.8%，而普通股所占的比例则从10.5%蹿升至30.2%。1929年，债券所占的比例降至25.3%，而普通股所占的比例则飙升至53.9%。1930年，即大崩溃发生后的第一年，上述趋势开始反转，长期债券所占比例升至56.7%，而普通股所占比例降为22.3%；而到了1931年，它们所占的比例分别为68.7%和8.2%。

普通股所占比例的下降和长短期债券及票据所占比例的提高在1932年依旧持续着，这一点可以通过对1931年1月和2月与1932年1月和2月证券发行情况的对比而看出（见图7、表7和表8）。

表7　1919—1931年企业在国内的证券发行情况（百万美元）

		长期债券		短期票据		优先股		普通股	
	企业在国内发行证券的总额	数额	占总额的百分比	数额	占总额的百分比	数额	占总额的百分比	数额	占总额的百分比
1919	2,739.7	633.7	23.1	540.2	19.8			1,565.8	57.1
1920	2,966.3	1,234.4	41.6	660.8	22.3			1,071.1	36.1
1921	2,419.8	1,915.2	79.1	226.4	9.4			278.2	11.5
1922	2,949.2	2,195.0	74.4	133.8	4.5	$332.8	11.3	287.8	9.8
1923	3,178.9	2,262.5	71.2	180.5	5.6	406.7	12.2	329.2	10.4
1924	3,520.8	2,319.5	65.9	335.7	9.5	346.1	9.8	519.6	14.8
1925	4,222.1	2,667.3	63.2	308.0	7.3	636.8	15.1	610.1	14.4

（续表）

1926	4,573.7	3,059.1	66.9	294.5	6.4	543.6	11.9	676.6	14.8
1927	6,506.9	4,466.2	68.7	302.5	4.6	1,054.7	16.2	683.5	10.5
1928	6,930.2	3,174.1	45.8	264.9	3.8	1,397.1	20.2	2,094.1	30.2
1929	9,376.6	2,369.4	25.3	250.6	2.7	1,694.7	18.1	5,061.8	53.9
1930	4,957.1	2,810.3	56.7	620.3	12.5	421.3	8.5	1,105.0	22.3
1931	2,371.2	1,628.0	68.7	400.1	16.9	148.0	6.2	195.1	8.2

根据 *Commercial and Financial Chronicle* 所发布的统计数据编制而成。

表 8　企业在国内的证券发行情况

（1931 年和 1932 年的 1 月与 1931 年和 1932 年的 2 月）

	企业在国内发行证券的总额	长期债券		短期债券	
		数额	百分比	数额	百分比
1931 年 1 月	460,706,279	392,235,000	85.1	23,168,750	5.0
1932 年 1 月	48,163,750	41,345,000	85.8	2,400,000	5.0
1931 年 2 月	88,225,944	48,420,000	54.9	13,040,100	14.9
1932 年 2 月	44,550,775	30,138,000	67.6	10,600,000	23.8

	企业在国内发行证券的总额	优先股		普通股	
		数额	百分比	数额	百分比
1931 年 1 月	460,706,279	26,503,779	5.8	18,798,750	4.1
1932 年 1 月	48,163,750	4,250,000	8.8	168,750	0.4
1931 年 2 月	88,225,944	7,509,000	8.5	19,256,844	21.8
1932 年 2 月	44,550,775	2,312,775	5.2	1,500,000	3.4

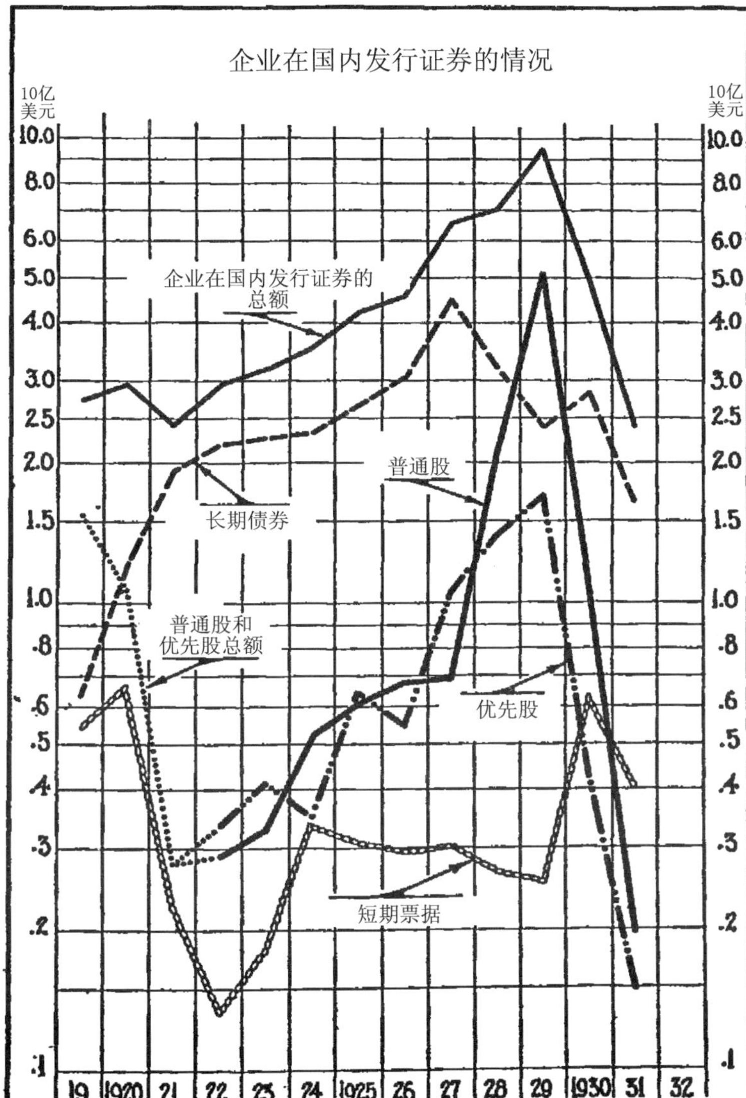

图 7　企业在国内发行证券的情况

银行贷款和贴现

所有银行的投资总额从1914年6月的55.41亿美元提高到1928年6月的178.01亿美元的峰值水平，差不多翻了3.25倍。1929年，这一数额下降到166.34亿美元，这基本上相当于1914年水平的3倍。1929年12月之后，投资缓慢增长，于1931年6月又达到了一个新的峰值——196.37亿美元；自此以后，开始慢慢下降，直到1931年12月的184.81亿美元，这比1929年10月的水平还高出了18个百分点。

联邦储备会员银行所发放的贷款总额于1929年10月达到了261.65亿美元的最高额，比1914年12月(64.19亿美元)增长了3倍，比1922年12月(179.30亿美元)差不多增长了50%。增长率同所有银行总体的增长率几乎相当。1931年12月底的贷款总额比1929年的峰值下降了26%，为192.61亿美元，这是自1924年6月以来的最低值。

所有银行贷款总额下降的百分比同联邦储备会员银行贷款总额下降的百分比几乎是相等的。

这里我们要顺便指出的一点是，所有银行的银行存款(定期加活期)总额——与银行贷款和投资直接相关——于1928年12月达到了最大值，为567.66亿美元，比1914年增长了3倍，比1922年增长了50%。联邦储备系统以外的活期存款的数字无法获得。而联邦储备会员银行的活期存款净值于1929年11月达到了峰值的199.79亿美元，比1914年12月增长了3倍多，比1922年12

月增长了将近24%。[①] 从1929年开始，这一数额显现出稳步下降的态势。1931年11月的数字是163.58亿美元，相比峰值水平下降了18%。1932年2月，联邦储备会员银行的活期存款净值跌至147.89亿美元，相比峰值水平下降了26%，为1922年3月以来的最低值。贷款数额增减的百分比与活期存款增减的百分比几乎是相等的。

储备银行贷款数额从1929年12月开始下降，直到1931年的2月至7月间，这一期间的平均贷款数额比1929年10月时的数额少了5.25亿美元。贷款的大幅下降几乎抵消了这一时期黄金进口量5.77亿美元的增长。1931年7月后，储备银行贷款开始增长，从当年7月到12月，增长了9.96亿美元，但这一时期会员银行的准备金余额下降了3.38亿美元。准备金余额的下降几乎完全是由于下面两个因素造成的：一是大量黄金因出口而外流；二是由于对美元的稳定性和我们整个银行系统（既包括国内也包括国外）的偿付能力丧失信心，加之大量银行破产所引发的“流通中”的货币数量的增加（见表9、表10和第八章的图4）。

表9 美国所有银行的贷款、投资以及存款总额（百万美元）

	贷款		投资		不包括银行间存款的存款总额	
	6月30日	12月31日	6月30日	12月31日	6月30日	12月31日
1913 14	15,248		5,541		18,566	

① 参见“Reports of the Federal Reserve Board” for 1930, pp. 94. and 95, and *Federal Reserve Bulletin* for June, 1931 and for April, 1932。

（续表）

15	15,643		5,823		19,131	
16	17,961		6,626		22,759	
17	20,510		7,777		26,352	
18	22,392		9,421		28,765	
19	24,710		11,860		33,603	
20	30,824		10,861		37,721	
21	28,970		11,029		35,742	
22	27,732		12,224		37,615	
23	30,378	30,778	13,360	13,225	40,688	42,163
24	31,523	32,440	13,657	14,742	43,405	45,853
25	33,865	35,640	14,965	14,963	47,612	49,224
26	36,157	36,759	15,404	15,260	49,733	50,029
27	37,360	38,407	16,391	17,043	51,662	52,909
28	39,464	40,763	17,801	17,504	53,398	56,766
29	41,512	41,898	16,962	16,519	53,852	55.289
30	40,618	38,135	17,490	18,074	54,954	53,039
31	35,384	31,616	19,637	18,481	51,782	46,261

资料来源：Annual Report Federal Reserve Board，1930，pp. 89－90，tables 42－43 and *Federal Reserve Bulletin*，April，1932，p. 297.

表 10　所有联邦储备会员银行的贷款和存款额(百万美元)

赎回日期	贷款*	投资	活期与定期存款总额净值**	活期存款净值	定期存款***
1914 年 12 月 31 日	6,419	2,079	7,468	6,235	1,233
1915 年 6 月 23 日	6,720	2,044	8,163	6,811	1,352
12 月 31 日	7,622	2,239	9,477	7,971	1,506
1916 年 6 月 30 日	7,964	2,351	10,001	8,226	1,775
12 月 27 日	8,714	2,561	11,485	9,502	1,983
1917 年 6 月 30 日	9,370	3,083	11,993	9,690	2,304
12 月 31 日	12,316	4,580	15,643	12,487	3,156
1918 年 6 月 29 日	13,233	5,274	15,612	12,217	3,395
12 月 31 日	14,224	6,368	18,397	14,563	3,834

（续表）

1919年6月30日	15,414	6,827	19,069	14,725	4,344
12月31日	18,149	6,630	21,881	16,576	5,305
1920年6月30日	19,533	6,026	22,333	16,422	5,911
12月29日	19,555	5,976	21,533	15,345	6,188
1921年6月30日	18,119	6,002	20,688	14,321	6,367
12月31日	17,394	6,088	20,900	14,449	6,451
1922年6月30日	17,165	7,017	22,714	15,539	7,175
12月29日	17,930	7,649	23,848	16,203	7,645
1923年6月30日	18,750	7,757	24,444	16,066	8,378
12月31日	18,842	7,645	25,027	16,376	8,651
1924年6月30日	19,204	7,963	26,042	16,838	9,204
12月31日	19,933	8,813	28,273	18,468	9,805
1925年6月30日	20,655	8,863	28,658	18,277	10,381
12月31日	21,996	8,888	29,923	19,260	10,653
1926年6月30日	22,060	9,123	29,977	18,804	11,173
12月31日	22,652	8,990	30,362	18,922	11,440
1927年6月30日	22,938	9,818	31,460	19,250	12,210
12月31日	23,886	10,361	32,870	20,105	12,765
1928年6月30日	24,303	10,758	32,629	19,191	13,439
12月31日	25,155	10,529	33,397	19,944	13,453
1929年6月29日	25,658	10,052	32,302	18,977	13,325
10月4日	26,165	9,749	32,269	18,952	13,318
12月31日	26,150	9,784	33,030	19,797	13,233
1930年6月30日	25,214	10,442	32,982	19,170	13,812
12月31日	23,870	10,989	32,516	18,969	13,546
1931年6月30日	24,678	12,106	31,602	18,055	13,548
9月	20,301	12,199	28,218	16,358	11,860
12月31日	18,471	11,314	27,353	15,925	11,428

* 包括再贴现和透支，不包括其他银行的承兑以及经过背书的汇票转让。

** 遵循准备金要求的存款。

*** 包括邮政储蓄存款，但有一点除外，即1917年6月20日之前的州银行(State bank)会员的存款是被计算在活期存款之内的。

资源来源：Seventeenth Annual Report of the Federal Reserve Board, for the year 1930, pp. 94－5; *Federal Reserve Bulletin*, May, 1932, p. 296.

经纪人贷款

联邦储备系统曾(于 1928 年和 1929 年)努力遏制由这种不计后果的投机所带来的繁荣局面,他们所采取的措施其中就包括道义上的劝说以及随后舞动再贴现大棒迫使会员银行对经纪人贷款采取歧视性待遇。有些人就认为,如果能再多一点技巧,行动再迅速一些的话,这些措施原本就能够获得成功了。但即便如此,借贷行为的不稳定性还是太强了,无法通过一个设在半路的闸来有效地控制其流量。由于通知贷款可以得到 10%的利息,而向企业进行投资只能得到 4%—6%的回报,因此很多公司和个人愿意从事这样的贷款行为,于是他们取代了银行成为资金需求者借款的对象,而这便使得联邦储备系统希望实现的结果落空了。还有一部分所谓"其他部门贷款"是由银行根据其拥有大量存款的外地客户发出的指令而随时待命发放的。在 1929 年的狂热时期,"其他部门贷款"大大超过了联邦储备会员银行所发放的经纪人贷款。

图 8 和表 11 显示了市场繁荣时期包括经纪人贷款在内的全部证券贷款(security loan)[①]的增长情况以及自 1929 年以来它们突然之间的大崩溃。

① 证券贷款是一种以某种资产被宣布当作一项贷款的抵押品作为向借款人发放贷款条件的抵押贷款形式。同其他类型的贷款安排形式不同,用于抵押的资产可以是房地产、股票和债券等证券,以及其他可以相对容易清偿到期贷款的财产。——译者注

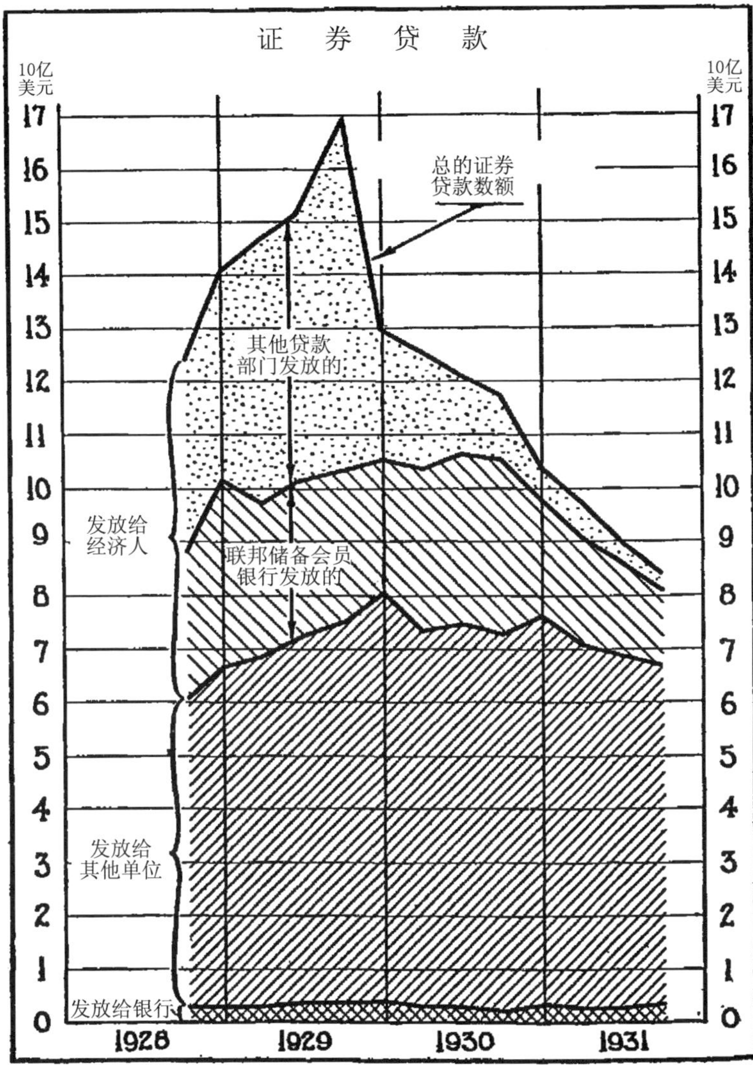
证　券　贷　款
10亿美元
10亿美元
17
16
15
14
13
12
11
10
9
8
7
6
5
4
3
2
1
0
总的证券贷款数额
其他贷款部门发放的
联邦储备会员银行发放的
发放给经济人
发放给其他单位
发放给银行
1928
1929
1930
1931

图 8　证券贷款

表 11　报告的证券贷款总体情况(百万美元)

日期	总的证券贷款数额	经纪人贷款			发放给银行	发放给其他单位*
		总额	会员银行贷款	其他部门贷款		
1928 年 10 月 3 日	12,429	6,359	2,749	3,610	274	5,796
12 月 31 日	14,052	7,411	3,531	3,880	269	6,373
1929 年 3 月 27 日	14,643	7,843	2,893	4,950	274	6,526
6 月 20 日	15,144	7,996	2,946	5,050	335	6,813
10 月 4 日	16,954	9,464	2,824	6,640	320	7,170
12 月 31 日	12,955	4,913	2,463	2,450	357	7,685
1930 年 3 月 27 日	12,544	5,260	3,050	2,210	260	7,024
6 月 20 日	12,085	4,614	3,184	1,430	230	7,242
9 月 24 日	11,701	4,436	3,246	1,190	175	7,090
12 月 31 日	10,364	2,783	2,173	610	315	7,266
1931 年 3 月 25 日	9,752	2,685	2,205	480	219	6,848
6 月 30 日	8,943	2,112	1,732	380	229	6,602
12 月 29 日†	8,378	1,724	1,444	280	312	6,333

资料来源:*Federal Reserve Bulletin*, Jan. 1932, p. 18.

* 商业借款人。

† 初步数据。

总体的债务状况

G. F.沃伦教授和 F. A. 皮尔逊(F. A. Pearson)教授曾经对公共债务和私人债务的情况进行过估算。① 他们没有将美国国民所欠下的外债计算在内,但其估算中却包含了人寿保险贷款以及典当商和高利贷者所发放的贷款。他们所给出的关于其他类别

① *Farm Economics*, No. 74, February 1932, pp. 1667 – 1668.

债务的数字与其他研究人员所给出的数字出入很大。他们没有估算自 1929 年以来总的货币债务的减少情况，也没有估算以 1929 年的美元价值计算的当前的实际债务数额。他们这样说道：

对于总体的债务状况所做的极其粗略的估计请参见表 12，1929 年的债务总额约为国民财富的一半，折算为人均值大约为 1,700美元。如果商品价值下降 1/3，并保持在那个水平上，那么债务将大致相当于国民财富的 75%。这样庞大的债务根本不可能收回来。价格水平的下降使得放贷者的债款的购买力大增。我们知道，主张降薪者所持的依据是 1 美元拥有了更高的购买力，那么我们似乎也可以以此作为削减债务——通货紧缩所导致的最严重的问题——的依据。

表 12　公共债务和私人债务情况的粗略估计

	数额（10 亿美元）	所占百分比	人均数额
企业债务	76	37.4	618
城市抵押贷款*	37	18.2	301
银行贷款	35	17.3	284
州、县及地方债务	21	10.3	171
国家债务	18	8.9	146
农产抵押贷款	9	4.4	73
人寿保险贷款和保险费付款通知书	3	1.5	24
零售分期付款文件**	3	1.5	24
典当商贷款及各种非法贷款***	1	0.5	8
总计	203	100.0	1,649

* 承蒙布鲁金斯学院的 George Terborgh 提供的估计数据。

** 基于 National Association of Finance Companies 的报告。

*** Ryan, F. W. "Family Finance in the United States", *The Journal of Business* of the University of Chicago, Vol. Ⅲ, No. 4, Part I, p. 404, October 1930.

本书的表2中由米克尔博士所给出的1932年总的货币债务额的估算值1974.20亿美元*与伊迪博士所给出的“最低1,200亿，很可能超过1,500亿”的估算值大致相当。伊迪博士没有将390亿美元的银行贷款、22亿美元的消费者信贷、256亿美元的外债以及24亿美元的人寿贷款包括在内；如果算上这些的话，那么其估算值将提高到最低1,892亿美元，很可能达到2,192亿美元。

* 原文为2,342.81亿美元，疑为笔误。——译者注

附录Ⅳ　1929—1932 年以黄金为基础的(和黄金短缺性)大萧条

约瑟夫·基钦(Joseph Kitchin)是研究黄金稀缺问题的一流权威人士。以他的研究数据为基础,古斯塔夫·卡塞尔教授、约翰·梅纳德·凯恩斯以及其他享有国际声誉的经济学家对黄金的稀缺性理念给予了着重强调。国际联盟黄金代表团于 1930 年和 1931 年发布的几份报告及国会麦克米兰委员会(MacMillan Committee of Parliament)于 1931 年 6 月发布的报告也支持他们的观点。然而,黄金的产量却实现了增长,超过了基钦及一些冶金领域工程师的估测。黄金产量不但没有下降,反而在 1930—1931 年间从 4.168 亿美元增长到 4.384 亿美元,增长了 5%,目前这一态势仍然在持续着。有报道称,在加拿大发现了大片新的低等级金矿。印度就像一块饱含黄金的海绵,人们都对它进行挤压,使得它已经成为最重要的黄金出口国之一。1931 年,印度出口了 9,570万美元的黄金;而 1930 年,它则进口了 5,770 万美元的黄金。1932 年 1 月和 2 月,它出口了 5,140 万美元的黄金,而在 1930 年和 1931 年的这两个月中,它则分别进口了 921.4 万美元和 72.7 万美元的黄金。

全世界货币性黄金供应总额每三年的增长情况如下所示:

1913 年 12 月至 1916 年 12 月，34%；

1916 年 12 月至 1919 年 12 月，2.5%；

1919 年 12 月至 1922 年 12 月，23.6%；

1922 年 12 月至 1925 年 12 月，6.9%；

1925 年 12 月至 1928 年 12 月，11.8%；

1928 年 12 月至 1931 年 12 月，12.2%。

在 1931 年 12 月到 1932 年 2 月的两个月间增长了 1%。从 1929 年开始，黄金的生产和贸易出现了大幅下滑，这极大地降低了货币需求。

黄金在分布上存在着极大的不平衡。在美国，直到《格拉斯—斯蒂格尔法案》将大量黄金释放出来之前，黄金实际上都非常稀缺，根据我们的法律大部分的黄金从技术上来讲是被锁定的，是不可使用的。因此，尽管从统计上来看，黄金产量很大，但就可用性上来讲，它却是稀缺的。而战后物价水平的上涨又令黄金的这种稀缺性更为严重。

还可参见亨利·斯特拉科施（Henry Strakosch）爵士发表于《财富》杂志 1932 年 4 月第 52—55 页和第 104—108 页上的文章"英国视角"（The English View）以及詹姆斯·哈维·罗杰斯于 1931 年在耶鲁大学出版社出版的《美国掂量它的黄金》（*American Weighs Her Gold*）一书。

亨利爵士将黄金持续不断地流入法国和美国的原因归于一战赔款和战争债务。他力图证明，以黄金的形式回收债款的政策会引发清偿行为，从而令整个世界都陷入通货紧缩的灾难境地。

亨利爵士说，从 1925 年年初到 1927 年年末，除法国和美国以外的其他国家吸纳黄金的速度要比整个世界生产黄金的速度稍快一些。然而,1929年年初,一场反常的黄金运动开始了,它使得1929年1月1日到1931年6月30日期间法国的黄金拥有量提高了76%,美国的黄金拥有量提高了23%,而世界其他国家(不包括俄国)的黄金拥有量则降低了15%。

黄金向法国聚拢的趋势一直持续,没有停下来的迹象。在1930年6月30日到1932年3月之间,美国的黄金持有量从45.93亿美元减少到39.85亿美元,减少了13%,而法国的黄金持有量则从22.12亿美元增加到30.02亿美元,几乎增加了36%。世界其他国家的黄金持有量减少了1.8%。1932年3月,法国所持有的黄金数量占世界货币性黄金总量的26%强,而美国则约为35%。

罗杰斯教授已经证明了,黄金在美国联邦储备银行内的积聚并没有使流通中的货币变得非常充足,也没能使金本位制变得安全,从而避免被来自法国银行及其他短期信贷持有者的突袭所推翻的可能。总的黄金持有量的数字是具有误导性质的。我们的"自由黄金"并没有大大超出我们的合理需求水平——所谓"自由黄金"是指既无须作为联邦储备系统所发行的纸币的抵押品或准备金,也不属于那种披着"美国所有"的外衣而实际上归外国人所有的黄金。也正因为如此,当1931年秋天我们所持有的黄金受到突袭而外流时,我们的银行家们表示了忧虑和不安。

表13是根据《美联储公报》(*Federal Reserve Bulletin*)所发布的数据编制而成的,它给出了1913年到1931年之间的某些年份的年末,以及1932年2月时,黄金在世界各国的分布情况。

表 13　各国中央银行和政府的黄金持有情况(百万美元)

	总计	美国	法国	英格兰	德国	意大利	日本	西班牙	其他所有国家
1913 12月	4,933.4	1,290.4	678.9	164.9	278.7	265.5	65.0	92.4	2,097.6
1916	6,619.6	2,202.2	652.9	395.8	600.4	223.4	113.4	241.4	2,190.1
1919	6,788.1	2,517.7	694.8	578.1	259.5	200.1	350.0	471.5	1,716.4
1922	8,394.1	3,505.6	708.4	742.7	239.4	217.3	605.5	487.0	1,888.2
1924	8,947.9	4,090.1	710.4	748.2	180.9	218.4	585.7	489.2	1,925.0
1925	8,965.3	3,985.4	711.0	694.8	287.8	218.8	575.8	489.5	2,002.2
1928	10,018.7	3,746.1	1,253.5	748.4	650.1	265.7	540.9	493.8	2,320.2
1929	10,297.0	3,900.2	1,633.4	709.8	543.8	273.0	542.5	495.1	2,199.2
1930	10,907.4	4,225.1	2,100.2	718.4	527.8	278.6	411.8	470.5	2,175.0
1931	11,242.0	4,051.0	2,699.0	588.0	209.0	296.0	234.0	434.0	2,731.0
1932 2月	11,364.0	3,947.0	2,942.0	588.0	221.0	296.0	215.0	434.0	2,721.0
				百分比					
1913 12月	100	26.2	13.6	3.5	5.6	5.4	1.3	1.9	42.5
1916	100	33.3	9.9	6.0	9.1	3.4	1.7	3.6	23.0
1919	100	37.1	10.2	8.5	3.8	2.9	5.2	6.9	25.4
1922	100	42.0	8.4	8.8	2.9	2.6	7.2	5.8	22.3
1924	100	45.7	7.9	8.4	2.0	2.4	6.5	5.5	21.6
1925	100	44.5	7.9	7.7	3.2	2.5	6.4	5.5	22.3
1928	100	37.4	12.5	7.5	6.5	2.7	5.4	4.9	23.1
1929	100	37.9	15.9	6.9	5.3	2.7	5.3	4.8	21.2
1930	100	38.7	19.3	6.7	4.8	2.6	3.8	4.3	19.8
1931	100	36.0	24.0	5.2	1.9	2.6	2.1	3.9	24.3
1932 2月	100	34.7	25.9	5.2	1.9	2.6	1.9	3.8	24.0

根据美联储公报编制而成。

附录Ⅴ　1929—1932 年大萧条

货币数量和流通速度方面的统计数据（第二个和第八个因素）

1930 年上半年

联邦储备会员银行报告称，1930 年上半年定期存款增加了5.7亿美元，活期存款减少了 6.27 亿美元。

流通中的货币（名义上的）

正常来讲，每年 12 月底到次年 1 月底这段时期内，美国“流通中的货币”总量会突然减少。从 1926 年 12 月到 1930 年 12 月，货币总量呈现出一个缓慢减少的趋势，1930 年 12 月的数字是 49 亿美元，比 1926 年 12 月减少了 16%。1930 年“流通中的货币”数量非常少，在 8 月份触及了 44 亿美元的低点，随后开始飙升，直到当年 12 月。1931 年，尽管流通中联邦储备银行券的数量大幅增加，但价格的深度下跌所造成的萧条效应却依旧在持续着。联邦储备银行券的增加主要是由于银行的破产而造成的，因为银行破产使得人们不再使用银行的支票，取而代之转为使用现金。1931 年 12

月，“流通中的货币”总量达到了 56.5 亿美元，比 1930 年 12 月增加了 16%，比 1931 年 4 月增加了 22%。联邦储备银行券的流通量增加了 80%，从 1931 年 2 月的 14.6 亿美元增加到 1931 年 12 月的 26 亿美元（见图 9）。

同时，联邦储备系统会员银行的存款货币（活期存款）的表现情况如下（通过货币流通速度指数来衡量，将 1919—1925 年间的货币流通速度设为基数 100）：

纽约的情况

从 1929 年 10 月到 1932 年 3 月

货币数量减少了 13%（从 57.52 亿美元减少到 49.59 亿美元），货币流通速度下降了 72%。这导致货币的效率（87% × 28%）只有 1929 年 10 月的 24%。

纽约外其他 140 个城市的情况

从 1929 年 10 月到 1932 年 3 月

货币数量减少了 21%（从 133.73 亿美元减少到 96.16 亿美元），货币流通速度下降了 44%。货币的效率（72% × 56%）只有 1929 年 10 月的 40%。

包括纽约在内的 141 个城市所有会员银行的情况

从 1921 年 10 月到 1932 年 2 月

货币数量减少了 21%(从 187.26 亿美元减少到 147.89 亿美元),货币流通速度下降了 61%。货币的效率(79%×39%)只有 1921 年 10 月的 31%。

参见表 14 和图 9,也可以参见第八章的图 3 和图 4。

表 14　纽约联邦储备银行报表部银行存款流通速度指数

根据每日的数据计算。将 1919—1925 年间的平均值设为基数。考虑了季节变动的流通速度是以个人账户的借方与每周都要提交报告的联邦储备会员银行所拥有的活期存款之间的关系为基础计算得出的。

I

纽约

年份	1 月	2 月	3 月	4 月	5 月	6 月	7 月	8 月	9 月	10 月	11 月	12 月	
1919	84	84	80	85	94	104	111	112	106	110	115	105	99
1920	101	95	95	96	89	88	91	95	93	99	101	99	95
1921	95	87	83	84	91	89	93	92	96	95	96	94	91
1922	92	95	95	105	100	100	102	100	106	113	97	97	100
1923	99	103	105	107	102	105	101	99	102	98	104	105	103
1924	102	106	102	100	100	100	97	103	97	92	101	99	100
1925	104	108	108	100	112	112	112	116	117	121	120	115	112
1926	120	118	128	124	114	115	123	132	127	129	115	124	122
1927	127	134	135	134	131	128	135	145	153	144	135	136	136
1928	140	138	162	164	169	177	154	166	190	188	191	201	170
1929	202	210	216	195	201	182	208	228	242	244	189	139	
1930	129	143	159	150	143	146	118	112	118	115	87	95	
1931	83	87	97	99	93	96	80	77	84	80	62	71	
1932	73	70	68										

Ⅱ

140 个城市(纽约以外)

年份	1 月	2 月	3 月	4 月	5 月	6 月	7 月	8 月	9 月	10 月	11 月	12 月	
1919	103	98	97	96	102	111	112	111	108	108	111	107	105
1920	112	107	107	109	110	109	113	111	111	111	109	105	110
1921	102	94	92	94	95	94	96	95	98	99	101	94	96
1922	96	95	93	94	92	94	94	91	93	96	92	97	94
1923	98	98	98	102	100	100	99	99	102	98	98	100	99
1924	99	100	101	100	98	97	96	97	92	94	93	92	97
1925	100	97	98	97	100	99	101	100	100	103	102	100	100
1926	106	104	105	105	103	101	108	103	98	105	99	101	103
1927	108	108	105	107	108	106	110	104	109	110	106	104	107

续表

1928	109	104	111	116	117	119	114	113	121	117	117	121	115
1929	121	125	128	124	123	126	131	136	135	137	130	115	128
1930	115	115	116	111	112	114	105	103	100	100	94	95	107
1931	97	91	91	90	91	89	88	86	85	88	81	83	
1932	90	81	77										

Ⅲ

141 个城市(包括纽约)

年份	1月	2月	3月	4月	5月	6月	7月	8月	9月	10月	11月	12月	
1919	95	92	90	93	101	109	113	113	105	110	112	107	103
1920	105	99	100	102	100	97	101	103	101	104	103	103	102
1921	98	89	86	88	92	90	94	93	96	96	98	95	93
1922	94	95	95	101	99	97	99	96	99	104	94	98	98
1923	98	101	100	103	100	100	99	98	98	97	99	103	100
1924	100	102	101	101	99	100	99	103	98	95	98	100	100
1925	103	102	103	99	107	105	106	108	108	111	109	109	106
1926	113	110	117	114	108	108	114	116	110	115	104	113	112
1927	117	120	120	121	120	117	123	126	131	128	124	123	123
1928	128	124	141	143	146	148	134	140	154	150	153	165	144
1929*	160	164	169	155	160	149	167	176	182	195	100	129	164
1930	120	126	136	131	127	130	110	106	108	109	90	97	116
1931	90	89	96	95	93	92	84	81	85	84	71	77	
1932	81	75	73										

*141 个城市 1929 年货币流通速度的下降很可能是由于净同业存款(net due to banks)数字的修正所引起的。因此,1929 年后的指数与之前几年的指数并不完全具有可比性。

股票价格(第三个因素)

从 1929 年 12 月 27 日到 1930 年 4 月 10 日,股票价格水平上涨了 20%。从 1930 年 4 月 10 日到 1930 年 12 月,则下跌了 43.5%;随后,跌势一直持续,到 1932 年 1 月底,共下跌了 48.8%。

商品价格

商品价格指数(令 1926 年为 100)在 1920 年 5 月为最高值 167.2,1922 年 1 月时下降到 91.4,随后在 1925 年 8 月达到 104.3,1927 年 5 月降到 93.7,1928 年 9 月升至 100.1,然后又小

幅下跌，一直到 1929 年 7 月之前，都保持着一种相对稳定的不稳定状态。至于其后发生怎样的情况，参见第八章及该章中的图 1；也可参见图 10 和图 11（既包括股票价格，也包括商品价格）。

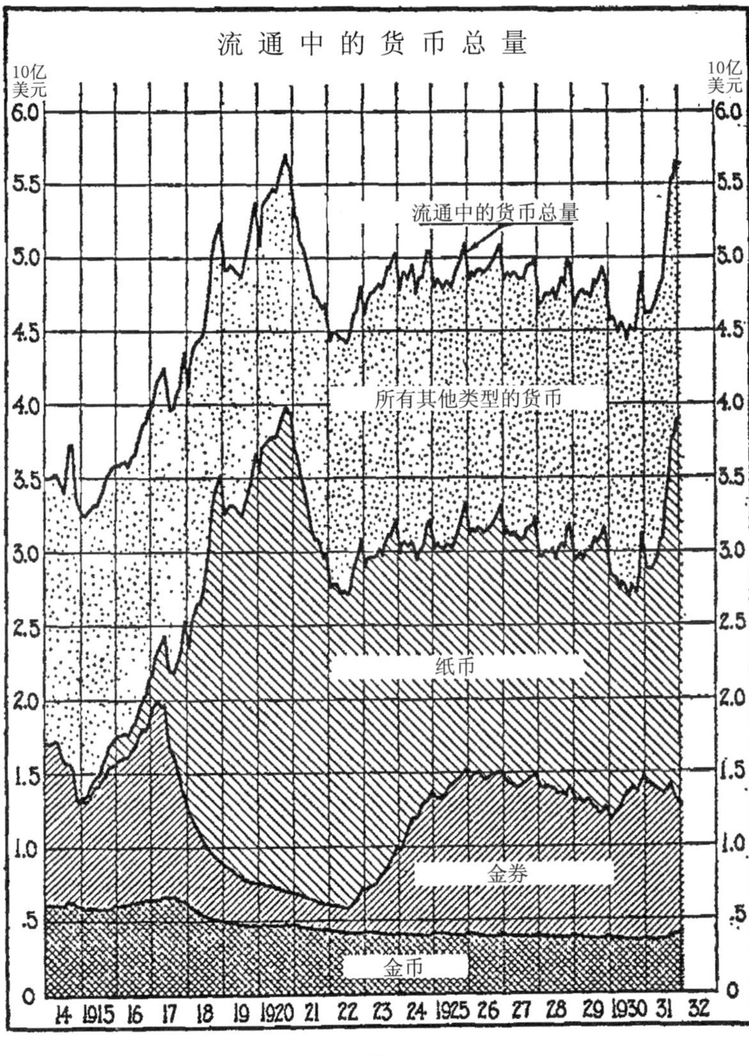

图 9

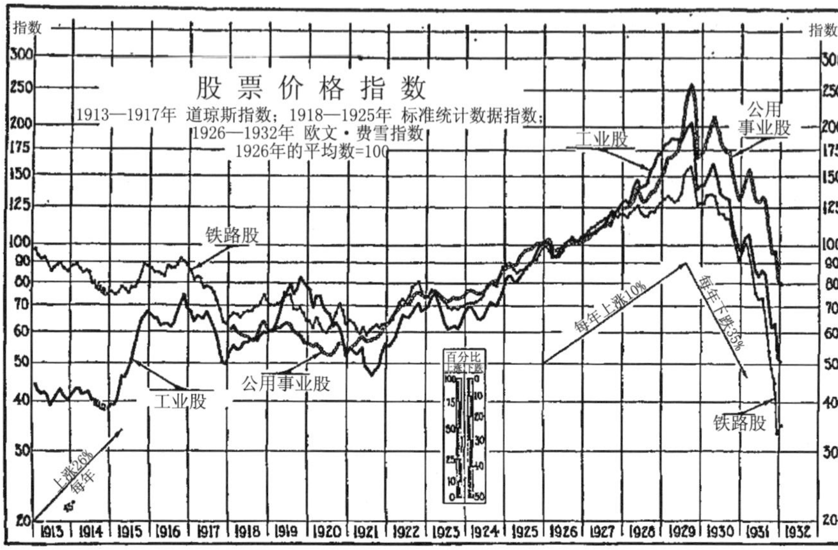
股票价格指数
1913—1917年 道琼斯指数；1918—1925年 标准统计数据指数；
1926—1932年 欧文・费雪指数
1926年的平均数=100
指数
铁路股
工业股
公用事业股
公用
事业股
铁路股
每年上涨10%
每年下跌35%
上涨26%
每年
百分比
1913
1914
1915
1916
1917
1918
1919
1920
1921
1922
1923
1924
1925
1926
1927
1928
1929
1930
1931
1932

图 10

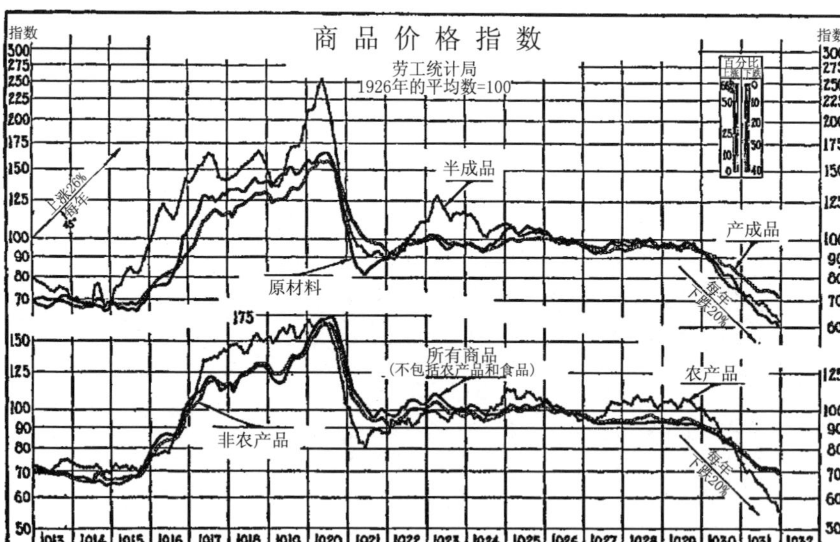
商品价格指数
劳工统计局
1926年的平均数=100
指数
半成品
原材料
产成品
每年
下跌20%
上涨26%
每年
百分比
所有商品
(不包括农产品和食品)
农产品
非农产品
175
1913
1914
1915
1916
1917
1918
1919
1920
1921
1922
1923
1924
1925
1926
1927
1928
1929
1930
1931
1932

图 11

净值和破产(第四个因素)

1919 年(第一次世界大战后的第一年)是自 1890 年以来公司记录最好的一年,这种“最好”不仅体现在现有企业中破产倒闭的企业所占的比例上,也体现在它们的绝对数量和负债总额上。而从那以后一直到现在,尽管各年公司记录的变动非常大,但其总体趋势却是向坏的。无论从破产企业的数量,还是从破产企业的负债,抑或是从破产企业占企业总数的百分比来看,1931 年都是情况最为糟糕的一年(见表 15)。

表 15　在美国破产企业占企业总数的百分比

年份	破产企业数量	企业总数	破产企业所占百分比	年份	破产企业数量	企业总数	破产企业所占百分比
1891	12,273	1,142,951	1.07	1912	15,452	1,564,279	0.98
1892	10,344	1,172,705	0.88	1913	16,037	1,616,517	0.99
1893	15,242	1,193,113	1.28	1914	18,280	1,655,496	1.10
1894	13,885	1,114,174	1.25	1915	22,156	1,674,788	1.32
1895	13,197	1,209,282	1.09	1916	16,993	1,707,639	0.99
1896	15,088	1,151,579	1.31	1917	13,855	1,733,225	0.80
1897	13,351	1,058,521	1.26	1918	9,982	1,708,061	0.58
1898	12,186	1,105,830	1.10	1919	6,451	1,710,909	0.38
1899	9,337	1,147,595	0.81	1920	8,881	1,821,409	0.49
1900	10,774	1,174,300	0.92	1921	19,652	1,927,304	1.02
1901	11,002	1,219,242	0.90	1922	23,676	1,983,106	1.19
1902	11,615	1,253,172	0.93	1923	18,718	1,996,004	0.94
1903	12,069	1,281,481	0.94	1924	20,615	2,047,302	1.01
1904	12,199	1,320,172	0.92	1925	21,214	2,113,300	1.05

（续表）

1905	11,520	1,357,455	0.85	1926	21,773	2,158,400	1.01
1906	10,682	1,392,949	0.77	1927	23,146	2,171,700	1.07
1907	11,725	1,418,075	0.82	1928	23,842	2,199,000	1.08
1908	15,690	1,447,554	1.08	1929	22,909	2,212,779	1.04
1909	12,924	1,486,389	0.80	1930	26,355	2,183,008	1.21
1910	12,652	1,515,143	0.80	1931	28,285	2,125,288	1.33
1911	13,441	1,525,024	0.81				

资料来源：*Dun's Review*, Jan. 16, 1932, p. 6.

银行止付

银行破产或银行止付所引发的后果要远比工业或商业企业破产所引发的后果更为严重，因为银行是资金的保管人，也是大多数企业的债权人。

加拿大很早以前就已经从银行业混乱复杂的局面中走出来。加拿大和我们国家一样，同样受到了本次经济危机和大萧条的冲击，然而没有一家加拿大的银行或分支机构在此期间关门停业。加拿大的银行系统要远比美国的银行系统强大，这是因为他们的特许银行的资金实力非常雄厚，它们通过其众多分支机构服务于这个国家。在加拿大，有 10 家大型银行，这 10 家银行共有 4,000 家分支机构。在过去的 22 年间，该国仅发生了三桩银行破产案，总负债额 2,780 万美元。至于美国的情况，请参见表 16 和表 17。

表 16　银行止付情况

	银行的数量										
月＼年	1921	1922	1923	1924	1925	1926	1927	1928	1929	1930	1931
1 月	59	51	41	145	103	65	133	53	54	99	202
2 月	27	43	41	92	61	52	81	50	60	85	77

（续表）

3 月	45	33	46	69	43	51	75	66	51	76	86
4 月	44	28	28	74	48	56	49	43	29	96	64
5 月	39	25	30	81	54	68	47	29	112	55	89
6 月	20	17	32	51	34	77	41	28	48	66	167
7 月	27	14	36	47	29	140	37	24	69	65	93
8 月	35	28	46	34	14	52	27	21	17	67	158
9 月	31	17	51	36	30	37	36	20	39	66	305
10 月	57	28	68	39	53	88	44	41	43	72	522
11 月	61	35	110	47	74	154	43	72	68	254	169
12 月	57	35	121	62	69	116	49	44	52	344	618
总计	502	354	650	777	612	956	662	491	642	1,345	2,550

1921—1931 年间止付银行家数总计——9,541 家。

资料来源：Annual Reports of the Federal Reserve Board and the *Federal Reserve Bulletin*, Jan. 1932.

表 17　银行止付情况

存款情况（千美元）

月＼年	1921	1922	1923	1924	1925	1926	1927	1928	1929	1930	1931
1 月	23,301	13,873	9,032	45,403	25,477	13,384	32,038	10,983	16,413	28,903	78,130
2 月	25,202	20,024	9,240	26,501	15,593	11,763	25,157	18,352	21,746	32,800	35,123
3 月	17,867	15,196	14,629	15,667	10,142	10,249	31,222	16,953	9,002	23,769	35,285
4 月	9,653	9,404	7,887	17,843	16,055	12,512	11,750	8,190	7,790	33,388	42,417
5 月	13,957	8,430	7,961	29,861	15,930	16,324	13,198	6,394	24,090	19,315	43,963
6 月	17,543	4,389	14,110	9,033	10,368	34,229	10,784	13,496	19,219	70,566	195,951
7 月	12,315	4,071	13,353	16,620	5,882	48,618	12,162	5,368	66,161	32,333	41,334
8 月	6,493	7,733	15,946	7,545	1,837	10,001	17,364	6,147	8,532	21,951	185,902
9 月	4,804	3,223	11,367	6,081	14,141	12,050	8,988	7,888	10,050	23,666	236,511
10 月	15,972	5,072	21,534	9,824	15,581	18,209	11,542	9,011	13,153	24,599	493,751
11 月	18,825	10,105	30,617	10,418	19,791	45,983	11,210	24,784	22,646	186,306	83,409
12 月	32,422	9,201	33,129	18,648	22,103	39,166	8,476	11,076	15,730	367,119	287,148
总计	198,354	110,721	188,805	213,444	172,900	272,488	193,891	138,642	234,532	864,715	1,758,924

1921—1931 年间止付银行存款额总计——4,347,416,000 美元。

利润和收入（第五个因素）

企业所支付的红利和股息是企业收益的一个不太完美的指

数，它们在标示国民净收入总额的变动情况方面，经常会产生误导。没有一家管理健全的公司会在其业务兴旺的年景把超出固定费用之上的全部收益都用于支付红利。净收益的一部分会被留存下来以备不时之需，而另一部分则会重新投入到企业中。当企业陷入经营困境时，其主要就是通过累积盈余来实现在尽可能长时间里的红利支付的。

相比之下，企业的净利润是标示企业经营状况的一个较好的指标。纽约的联邦储备银行已经编写了 500 家公司的季度收益报告，其中包括 163 家工业公司、171 家一级铁路公司、103 家电话公司及 63 家其他大型公用事业类公司。1931 年的平均值严格说来与其他年份的平均值是不能相互比较的。

从 1925 年第 3 季度到 1929 年第 3 季度，所有报告企业的净利润增长了 41%，而这一指标在 1931 年第 3 季度下滑了 64%，在 1931 年第 4 季度下滑了 15%。

从 1925 年第 4 季度到 1929 年第 4 季度，电话企业的净利润增长了 41%，1931 年的第 4 季度则下滑了 11%。其他大型公用事业类公司的利润在此期间增长了 52%，而 1931 年第 3 季度却几乎下滑了 80%，最近一个季度的利润有所增长，相较 1929 年第 4 季度下滑了 71%。

从 1925 年第 3 季度到 1929 年第 3 季度，一级铁路公司的净利润增长了 11%，到 1931 年第 3 季度则下降了 58%，而到第 4 季度，则相对于 1929 年的峰值水平下降了将近 70%。

工业公司的净利润在 1925 年第 3 季度至 1929 年第 3 季度间增长了 75%，到了 1931 年第 3 季度则下降了 75%，到第 4 季度更是下降超过100%，成为负值。

第八章的表1体现了上述及其他一些情况。

通货膨胀和过度借贷过分地吹大了企业在1925—1929年间的利润。而始于1929年的通货紧缩和清偿行为又使企业利润极度缩水，在许多关键行业，企业利润甚至转为负值。

国民收入总额及人均国民收入

国民收入总额及人均收入是衡量消费支出水平的较好指标。但它们却无法衡量福利状况，因为它们没有体现国民收入的分配情况。国家经济研究局（National Bureau of Economic Research）、全国工业协商委员会以及英戈尔斯（W. R. Ingalls）先生都曾经对国民收入总额进行过估计。

这些机构或个人进行的估计都只是近似值，有时近似的程度简直就是纯粹的猜测，但它们却显示出了惊人的一致性。[①] 我们在此处列出了国家经济研究局所给出的数字[②]，因为这些数字是建立在更为认真的研究的基础之上的，而且以当期美元计算的估计值还被转换成了以1913年美元来计算（见表18）。

其中，1929年、1930年和1931年这三年的数字是根据全国工业协商委员会在估计1929和1930年的数字时所采用的方法而得

① 英戈尔斯先生在他的文章"The National Income for 1929 Tentatively Estimated at Eighty-Three Billion"（*The Annalist*, January 30, 1931, p. 270）中比较了这三个研究主体对于1920—1928年间国民收入情况的估计值。

② *The National Income and Its Purchasing Power*, by W. I. King, National Bureau of Economic Research, Inc., New York, 1930, pp. 74 and 77.

到的。[①] 1931 年以当期美元来计算的国民收入总额大约比上年减少了 150 亿美元或 21.2%。以当期美元计算的这些年的国民收入数转换成以 1913 年美元来计算之所以会缩水，主要原因便在于这些年美国劳工统计局所公布的成本指数在不断上升。

这些数字所造成的最为引人注目的对比是，1917 年成为“实际”国民收入总额达到峰值的那一年，1920 年并不如人们通常所想的那样实现了国民收入的增长，其实际国民收入总额相较 1919 年还减少了 7.5 亿美元，即大约 2%。

表 18　以 1913 年美元计算的美国大陆民众实际收入和购买力的估计值

（百万美元）

年份	以当期美元计算的国民收入总额	以 1913 年美元计算的国民收入总额	以 1913 年美元计算的人均收入额
1909	27,661	29,221	322
1910	29,345	30,207	327
1911	29,660	30,634	332
1912	31,755	32,373	341
1913	33,393	33,413	346
1914	33,227	32,841	335
1915	34,690	34,137	335
1916	40,585	36,996	367
1917	48,314	37,613	368
1918	56,658	37,261	360
1919	61,628	35,098	334
1920	68,442	34,348	322
1921	58,271	33,638	310
1922	61,187	37,623	342

① 参见 *New York Times*, January 25, 1932, p. 30, and *Conference Board Bulletin*, Feb. 20, 1932, No. 62, pp. 497 - 500。

（续表）

1923	69,295	42,072	377
1924	71,905	43,577	384
1925	76,561	45,191	392
1926	80,284*	47,261*	403
1927	82,921*	49,655*	419
1928	84,119*	50,692*	423
1929	87,500†	51,200	421
1930	72,900†	44,500	365
1931	57,500†	38,900	314

资料来源：*The National Income and Its Purchasing Power*, by W. I. King, pp. 74 and 77.

* 初步估计值。

† 使用全国工业协商委员会所采用的方法进行估计。

除1914—1915年间和1918—1921年间外，人均购买力呈现了持续增长的态势。1914年的经济萧条仅仅将人均购买力从1913年的水平拉低了11美元，即3%。1921年的萧条也仅仅比上年拉低了12美元，即3.7%。1924—1925年的萧条实际上还使人均购买力比上年提高了15美元，即4%。而当前的大萧条则令1931年的人均购买力相比于1929年峰值水平时下降了107美元，即25%，而且这种走低的趋势还在持续。

金（W. I. King）博士指出，1920年和1921年的危机和萧条从一些美国人那里卷走了400亿美元的财富。这主要体现在所有权的转移上。相较于1919年，1920年国民收入的实际损失只有7.5亿美元，人均12美元。统计估计证实了这样的观点，即萧条只是转移了财富和收入的所有权，但几乎没有对实际价值造成破坏。而此次大萧条转移所有权的力度可能比以往任何一次都更大，而且到目前为止似乎已经摧毁了大约34%的货币收入或25%的实际国民收入。实际财富的损失是无法估计的，但厂房和设备状况的恶化已经让人感到触目惊心。

农民的收入

同以往一样，农民又一次成为主要的受害者，仅次于失业人群。首先，农民没有从1920—1922年的萧条中完全恢复过来。农业状况的恶化从1926年开始显现，农产品价格的下降是罪魁祸首，而农产品价格的下降则是由美国、加拿大、澳大利亚、阿根廷、巴西、古巴、俄国和东欧国家农业产量的增加，以及因债务和经济萧条所导致的农产品消费的萎缩而共同引发的。1929—1931年的农业对于任何货币升值行为来讲都可以说是案板上的鱼肉。

商品价格最严重的下跌使农产品遭受重创。美国农业部发布的《农作物报告》(*crop reporter*)这一报告显示，从1929年10月到1932年1月，农产品的价格下跌了55%，而农民花钱购买的其他商品的价格只下跌了22%。1932年1月，农民得到的价格和他们所支付的价格的比率为0.53，这意味着农民所持有的同等数量的"商品美元(commodity dollar)"将仅仅可以买到相当于1909—1915年间可以买到的一半略多一点的商品。任何一位在1929年签下借债合同的农民在今天所要偿还的债务(以农产品的形式来偿还)都相当于其原始债务价值的2.25倍。

据美国农业部估计，1929年的农业总收入为118.51亿美元，1930年为93.00亿美元，到了1931年则仅为69.20亿美元——按照农民的美元收入来计，两年之内减少了42%，尽管大部分农产品的实际产量是增加的(见表 19)。

表 19　农产品价格指数和农民所支付的零售价格

年份和月份	农产品价格指数(1909 年 8 月—1914 年 7 月 = 100)	农民为其所购买的商品支付的价格*	农民得到的价格和支付的价格之比
1919	209	205	102
1920	205	206	99
1921	116	156	75
1922	124	152	81
1923	135	153	88
1924	134	154	87
1925	147	159	92
1926	136	156	87
1927	131	154	85
1928	139	156	90
1929	138	155	89
1930	117	146	80
1930：			
1 月	134	153	88
2 月	131	152	86
3 月	126	151	83
4 月	127	150	85
5 月	124	150	83
6 月	123	149	82
7 月	111	148	75
8 月	108	147	74
9 月	111	146	76
10 月	106	144	74
11 月	103	142	73
12 月	97	139	70
1931：			
1 月	94	137	69
2 月	90	136	66
3 月	91	134	68
4 月	91	132	69
5 月	86	131	66
6 月	80	129	62
7 月	79	127	62
8 月	75	125	60

（续表）

9月	72	123	58
10月	68	122	56
11月	71	120	59
12月	66	119	55
1932：			
1月	63	118	53
2月	60	116	52
3月	61	114	54
4月	59	113†	53†
5月	56	113†	50†

资料来源：*Crops and Markets*，June，1932。

* 这一指数是根据农民为生产和生活中所使用的商品所支付的零售价格计算出来的，这些零售价格来自于3月、6月、9月、12月公布的季度报告。其他月份的指数则是根据相邻两个季度的指数所得出的线性估计值。

† 初步数据。

在较早的一些年份，关于农业生产总收入的各种统计数据经常不一致，令人感到十分困惑，但美国农业部从1924年开始报告农业总收入的数据（见表20）。农民所持有的商品美元购买力的损失，加上农民所得到的美元数量的减少，使得统计数据上呈现出了一幅令人吃惊的农业大萧条的图景。因破产和不履行责任而导致的通货紧缩和清偿行为所造成的恶果在农业中要比在其他任何大型工业集团中都表现得更为明显和严重。

想了解企业利润的情况，参见第八章的表1。

表20　农民的总收入、支出和可投入于资本、劳动力及管理方面的收入余额(百万美元)

年份	总收入	总支出	可投入于资本、劳动力及管理方面的收入余额
(1)	(2)	(3)	(4)
1924	11,337	5,853	5,486

（续表）

1925	11,968	6,233	5,735
1926	11,480	5,939	5,541
1927	11,616	6,041	5,575
1928	11,741	6,263	5,478
1929	11,851	6,273	5,578
1930	9,300		
1931	6,920		

资料来源：*Yearbook of Agriculture*，1931，p. 979.

生产、贸易和就业（第六个因素）

百货商店业销售额的减少不足以体现实物贸易（physical trade）领域所遭受的损失，因为这些销售额的数字是来自很多大型的百货商店，这些大型百货商店在大萧条时期接管了许多规模较小的商店，并因此在行业整体销售额下滑的同时却实现了逆势增长。而美元的升值使得名义销售额下降的幅度要远远大于商品销量的下滑幅度。百货商店业的销售额于 1929 年 9 月达到最大值，从那时起到 1932 年 1 月下降了 30%[①]——而商品销售数量可能仅仅下滑了 18%。

联邦储备委员会和这几家储备银行，尤其是纽约储备银行编制了许多有价值的与贸易、生产、就业和消费有关的指数。联邦储备委员会编制的指数是以 1923—1925 年为基期，基期指数为 100。铁路货运运输总量指数从 1922 年 5 月的 78 上涨到 1929 年

① 家具的销售额在同期增长了大约 18%。

6月最高的108，上涨幅度为38%，接着开始下跌，到1932年1月跌至64，下跌幅度为41%。能够更好地代表零售贸易情况的零担货运指数呈现了14%上涨，从1922年12月上涨到1929年10月的104，随后一路下跌至1932年1月的81，跌幅为22%。上面提到的这些都是定量指标，因此可以准确地反映铁路货运总吨数的变化情况。铁路货运运输量的下滑在一定程度上是因为来自公路运输的竞争。通过巴拿马运河的月均货物吨数从1925年的197.5万吨增加到1929年的262.1万吨，而到了1931年则降至86.4万吨，降幅为67%。1932年1月，这个数字变为65.2万吨，比1929年1月(285.9万吨)少了77%。

《美联储公报》每个月都会发布工业生产指数。这些指数最初是由伍德列夫·托马斯(Woodlief Thomas)博士为联邦储备委员会编制的，[①]都是关于实物数量的指数。基期为1923—1925年，基期指数为100。所有指数都是经过调整的，剔除了季节的变动。

综合指数从1921年4月的低点65，一路攀升到1929年6月的峰值125，上涨91%，其间仅在1924年出现过一次微幅下挫。而在随后到1932年3月为止的两年零三个季度里，综合指数下跌了46%，跌至67，下跌的速度要比前八年上涨的速度快得多。在同一时期，制造业生产指数从63涨至109，上涨了105%，随后又降至64，下降了50%。采矿业生产指数从71涨到1929年10月的118，上涨了66%，而后又下跌至1932年3月的84，下跌

① 1927年2月和3月的《美联储公报》完整地描述了这些指数的编制方法。

了29%。

建筑与建造

建筑与建造是最重要的生产活动之一。《美联储公报》会公布签订的建筑合同的价值指数。这些指数能够反映出建筑业出现的异常波动。建筑业综合指数从1921年2月最低点的43，涨至1928年6月最高点的139，上涨幅度为223%。1932年3月这一指数仅为26，比最高点下跌了81%，甚至比1921年的最低点还低了将近40%。在这段时期内，住宅建筑的波动幅度更大，从1921年4月最低点的24，飙升到1928年2月最高点的142，然后转升为跌，直至跌到1932年3月的15。前一时期的上涨幅度为492%，后一时期的下跌幅度为90%，使得1932年3月的指数比1921年4月时还低了大概38%。

在过去的几次经济萧条的过程中，建造行业都是在经济低迷的年份里带动经济运行，并使经济走出低谷的关键行业。而在这次萧条中，它却成为加重萧条程度、延长萧条时间的罪魁祸首。

就业和工资支出总额

就业和工资支出总额指数[①]是生产活动和薪金总额状况的指示器，如果能够适度谨慎地使用，它们将是非常有价值的。这些指

① 经过修订的就业指数见于1930年11月的《美联储公报》，经过修订的工资支出总额指数见于1929年11月的《美联储公报》。

数无法将小企业包括在内，而一些新建的工厂和一些新兴的行业也没有被考虑进来，因此在工业生产、组织以及工艺的变革期，它们很可能会带有误导性。

联邦储备委员会以美国劳工统计局所收集的就业数据为基础，用人口普查所得来的数据对其进行了修正，并进行了季节调整。而基期的设定与联邦储备委员会所发布的其他指数一样，即令 1923—1925 年为基期，基期指数为 100。

工厂总体就业指数从 1921 年 7 月 80.4 的低点，升至 1923 年 6 月 106.4 的高点，并于 1929 年 7 月达到了次高点 102.8，比 1921 年的低点上涨了 28%。而从那以后，该指数便开始下跌，直至跌到 1932 年 3 月的 66.4，相比 1929 年的高点跌去了差不多 36%，比 1921 年的低点甚至都低了 17%。

工厂工资支出总额指数在 1921 年 7 月为 72.2，这是那次经济萧条中记录下的除 1922 年 1 月以外的最低值。到 1929 年 9 月，该指数达到了最高值——112，上涨幅度为 56%。随后开始下跌，于 1932 年 3 月跌至 52.3，相比最高点下跌幅度为 54%，比 1921 年的低点还低了 22%。

生产、就业和工资支出总额下滑的情况在钢铁、机械、纺织、木材和木制品，尤其是汽车行业，表现得格外严重。

钢铁业生产指数在 1921 年 7 月为 30，到了 1929 年 6 月涨至 155，翻了 5 倍多。钢铁业就业指数从 1921 年 7 月的 54.5 涨至 1929 年 8 月的 101.4，上涨了 86%，随后又下跌了 40%，直至 1932 年 3 月的 60.9。钢铁业工资支出总额指数从 1921 年 7 月的 37.4 涨至 1929 年 5 月的 111.6，上涨了近两倍，随后一路下跌至 1932

年3月的35.4,下跌了68%。表20中所列各行业的指数在1921年出现最低点的月份和在1929年出现最高点的月份都是各不相同的。汽车业生产指数从1921年最低点的26,涨至1929年的166,上涨了6⅔倍,随后又一路下泻至1932年3月的28,跌幅为83%。

需要指出的是,表20中所列出的各行业的生产指数在1932年的值都要大于其在1921年最低点时的值。而食品业和制造业整体的就业指数则要比1921年的低点略低。而各行业的工资支出总额指数也大都低于1921年,除了造纸和印刷业以及汽车业外。

参见表21和第八章中的图5。

表21 进行了季节调整的生产、就业和工资支出总额指数

1923—1925年的平均值=100

	钢铁业			纺织业			造纸和印刷业			皮革及其制品业		
	生产	就业	工资支出总额	生产	就业	工资支出总额	生产	就业	工资支出总额	生产	就业	工资支出总额
1921年低点	30	54.5	37.4	64	71.4	66.1	60	83.9	76.4	70	73.4	72.0
1929年高点	155	101.4	111.6	121	120.8	108.8	128	106.3	114.9	117	96.0	117.8
1931年11月	46	65.3	41.2	89	73.6	59.3	97	89.7	90.6	77	70.1	47.0
1931年12月	38	65.4	41.0	85	72.2	58.1	97	89.2	91.0	82	75.3	50.3
1932年1月	43	64.0	36.3	89	71.1	55.5	101	88.3	85.5	84	75.4	53.3
1932年2月	41	62.4	37.2	86	72.4	59.8	98	87.2	83.5	89	78.1	61.4
1932年3月	34	60.9	35.4	82	71.0	59.3	99	86.2	82.4	92	80.2	62.3

	汽车业			食品业			制造业整体		
	生产	就业	工资支出总额	生产	就业	工资支出总额	生产	就业	工资支出总额
1921年低点	25	31.9	25.2	77	92.4	89.8	63	80.4	76.1
1929年高点	166	131.4	132.0	103	100.1	108.8	129	102.8	111.7
1931年11月	36	56.1	42.3	90	85.9	83.0	71	69.3	56.2
1931年12月	66	68.8	48.0	89	86.3	82.7	73	69.4	55.8
1932年1月	45	67.1	47.7	94	85.3	78.6	71	68.1	52.4
1932年2月	35	64.7	52.0	90	83.7	76.3	68	67.8	53.5
1932年3月	28	60.9	51.3	84	83.1	74.4	64	66.4	52.3

资料来源:1927年3月、1929年11月、1930年11月以及随后若干期的《美联储公报》。

利率(第九个因素)

为了便于比较,图 12 给出了几种主要类型的贷款的利率变动情况。通知贷款总是最易发生变动的一种贷款。1929 年通知贷款的高利率就表明了在经济繁荣时期人们的投机性需求有多么狂热。

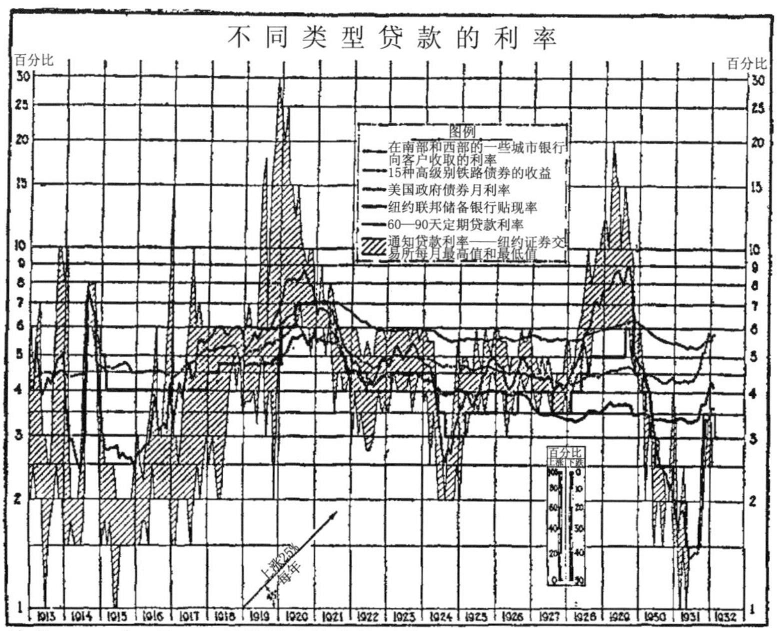

注释：1914年8月—10月的铁路债券收益数据无法获得。

图 12

债券价格的变动一方面反映了长期利率的变动,一方面也反映了债券作为一种投资产品,其所具有的风险性的变化。图 13 给出了政府债券同一级和二级企业债券价格指数的变动情况,它们之间形成了鲜明的对比 。

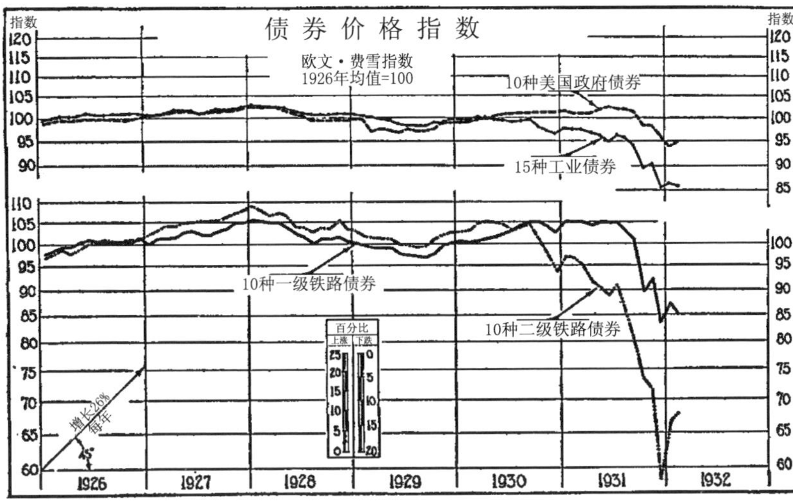

图 13

（为了得出一个给定时期的“实际”利率，可以先计算出美元升值的百分比，然后再把它加到名义利率上。1929—1932 年，美元升值了 53%，而到 1932 年 6 月的第三周，已经升值了 62%。）

附录Ⅵ　全套经济稳定计划的纲要

该计划如果被采纳，将为经济提供应急的稳定政策，足以应对各种可能出现的情况。

经济稳定委员会

1.创建一个经济稳定委员会。成员包括：联邦储备委员会主席；总审计长；各联邦储备银行行长所委派的代表(由各银行自己选举产生)；四位其他(被任命的)成员，任期分别为3年、6年、9年和12年，而他们的所有继任者则都要任职12年。委员会要选出自己的主席。

2.根据上述委员会的授权和指示，财政部部长负责运作3%的美国政府短期债券。

3.该委员会根据各家全国性银行和州银行以及信托公司各自所拥有的存款额向它们分配上述债券，而委员会则获得相应的存款。这里的存款指的是定期[①]存款，并且和上述债券拥有同样的

---

① 也可以以活期存款的数量作为分配标准。活期存款的优点是短期内便可能产生效果，其缺点在于在经济萧条时期，银行大都不太愿意接受活期存款的形式。活期存款使得征税变得没有意义。这恰恰就是第一次世界大战时出现的情景。政府用这些存款购买战争物资，并因此而提高了物价水平(在当时对国家造成了不利的影响)。

利率。这样,任何参与方都不会有任何开销。

4.上述定期存款只能在一年期满或委员会与相关银行达成协议后才可以被提走。

5.债券是银行的财产,它们可以被转卖出去,也可以抵押给联邦储备银行。

6.委员会同意为支付上述存款,在任何时候都会以票面价格来回购上述债券。

债券作为银行的流动资产将会改善银行的头寸状况,从而使其可以增加贷款额和投资额,这样便为公众创造了新的购买力,并提高了物价水平。而对于单个一家银行来说,债券所产生的效应基本上等同于向这家银行的金库内注入了相当于其债券配额的黄金。而其中仅有3%被要求作为这些定期存款的准备金。

银行头寸状况的这种改善通过电报在一两天之内就可以实现,甚至在债券进行实物交付或印刷出来之前就可以实现。

7.当物价水平恢复到法定标准以后,委员会须通过重复上述操作或反向操作、增加或减少上述债券的数量以使物价水平保持稳定。

8.这样的稳定措施的执行须得到联邦储备系统的配合,如果可能的话还需要与外国政府和外国的中央银行进行合作。

联邦储备系统的配合

9.联邦储备系统所要采取的主要政策措施包括:

(1)公开市场操作:也就是买进和卖出符合条件的票据和

证券。

(2)买进和卖出黄金或金券,以换取美联储发行的银行券或其他形式的资金(除非以后发生变动,黄金的价格为每盎司纯金20.67美元,或者说1美元相当于23.22格令的纯金)。

(3)调整再贴现率。

(4)信用配给。

(5)根据下面内容的规定调节联邦储备银行的黄金储备率。

(6)向会员银行及非会员银行提出建议,使其配合自己稳定经济的政策,这些政策主要包括调整银行对其客户的贴现率、公开市场操作以及与向联邦储备银行进行的再贴现。

(7)与包括设在瑞士巴塞尔的国际清算银行(被称作世界银行)在内的一些非美国银行建立联系、进行磋商、开展合作,并从事合法的交易。

(8)统计分析。

(9)向公众进行宣传。

(10)无论何时,只要联邦储备系统中的自由黄金的数量被认定接近于枯竭的水平,联邦储备系统就有权利用它所持有的政府债券来支持其所发行的银行券。这将把格拉斯—斯蒂格尔法案中同样的条款的有效期延长,而目前该条款的期限为一年。

(11)无论何时,只要联邦储备系统所持有并可以出售的证券被认定接近于枯竭的水平,联邦储备系统就有权在公开市场上发行并销售(在以后的任何时候也可以回购)新的计息债券,数量、到期日及利率都按照它自己所认为的合适的标准来确定。

(12)买进和卖出上述债券以及支付债券利息所产生的所有净

利润和损失都会累计到美国政府头上，利润上交给美国财政部，损失也由财政部来弥补。

(13)如果黄金储备率被认为太接近于规定的下限，联邦储备系统有权根据《联邦储备法》第Ⅱ款c分款中规定的条件和约束来降低联邦储备银行的法定最低储备要求。而如果法定最低黄金储备率被认为定得太低，联邦储备系统也有权提高联邦储备银行的法定最低储备率。

10.如果委员会认为黄金储备太接近于规定的下限，那么在其他得到授权的方法没有明显效果的前提下，委员会有权提高黄金的官方牌价(official price)。而如果黄金储备率被认为太高了，在其他得到授权的方法被证明效果不明显的前提下，委员会有权降低黄金的官方牌价。

11.任何时候，只要黄金价格因此而发生了变动，无论是向上还是向下，委员会都有权在其买进和卖出价格之间临时引入一个点差，该点差要足以防止投机者(通过传播金价可能发生变动的流言)利用委员会、联邦储备系统或美国政府来获利，他们获利的方式要么是先以某一价格从上述机构买进黄金，随后再以一个较高的价格将这些黄金卖给上述机构；要么就是先高价卖出，然后再以低价买进平仓。

12.美国财政部、各铸币厂、政府的金属化验办公室及其他一些机构都被授权在任何时候都要按照联邦储备系统所使用的价格来买进和卖出黄金。之所以要采取特殊的保护措施以防止投机行为对政府所造成的伤害，原因就在于政府与普通的买家和卖家不同，它现在是准备以同样的价格买进和卖出黄金，而并不是想通过低买高卖来获取利润。

当黄金的价格发生的变动足以使储备率恢复到合理的水平，从而新的价格可能又会在相当长的一个时期内保持稳定之后，可以将点差取消，这样黄金的买进价和卖出价就又一致了。

13.买卖黄金的所有利润和损失都由美国财政部来负担。

评　论

可以看出，经济稳定委员会并不是随时都有权去改变黄金的价格的。只有当这种改变对于防止通货膨胀或通货紧缩来讲是必要之时，委员会才有权这样做。只要每盎司纯金等于20.67美元的这一当前的价格标准能维持一个稳定的物价水平，那么这一价格标准就不会发生变动。

但是，如果保持黄金的价格不变并不能维持物价水平的稳定，那么也应该做出一些调整。委员会必须一有需要，就采取相应的动作。然而，当委员会被赋予稳定物价水平、保持法定的黄金储备率的责任时，人们就不应该拿“应该保持黄金价格的稳定”这样的说辞对其进行苛责，只有这样对他们才是公平的。既然保持一个不变的黄金价格的唯一合乎情理的目标是防止通货膨胀和通货紧缩，因此如果调整黄金的价格能够让这一目标得到更好的实现，那么就不该有人反对这样做。任何带有这一目的的调整都不是对金本位制的放弃，而仅仅是对黄金的重新估值，以反映其在购买力上的重大变化 。如果没有实质性的通货膨胀或通货紧缩，20.67美元/盎司的当前价格或许会长久地保持下去。黄金的价格很有可能在许多年之内都没有必要进行调整。

需要进一步指出的是，为了让黄金储备回复到适度的水平，既不过高，也不过低，黄金的价格可能会经历一次重大的调整，而这一新的价格可能也会在未来很多年内保持不变。

在这种情况下，对于那些把20.67美元/盎司这一数字看得很神圣的人来说，似乎没有什么必要担心未来某一天这个价格会发生变动，尤其是考虑到这种价格调整只是有助于维护金本位制并实现其主要的目标——保持稳定。

这样，在金本位制所有的优点被保留下来的同时，其所带有的一些周期性缺点也被避免了。通货膨胀和通货紧缩所带来的一些周期性不利影响被消除了，取而代之的是黄金价格临时的调整。但黄金价格标准的这种变动仅仅是为了避免商品价格标准的变动。从这个角度来看，这种变动与法国和意大利近年来所进行的重新估值是有所区别的。这两个国家通过让金法郎和金里拉贬值，在经历了战时的通货膨胀后又重新回归金本位制。

上述规定使得金本位制可以在任何情况下永远存在。它们也使得当前的20.67美元/盎司的金价以及相应的1美元所代表的黄金重量得以保留下来，除非必须要调整黄金价格才能协助其他政策工具实现防止通货膨胀或通货紧缩的目标。实行金本位制的一个最主要理由便在于它在某种程度上可以预防通货膨胀的发生，而那些脱离了金本位制、发行不兑现纸币(irredeemable paper money)的国家经常会出现通货膨胀的现象。

但是，仅仅依靠这一项措施来防止通货膨胀也是不够的。例如，在1896—1920年这段期间，美国便经历了一场由黄金所引发的严重的通货膨胀。而且金本位制对于通货紧缩并没有防御作用,英格兰实际上就是为了不再进一步遭受通货紧缩之苦,而选择脱离金本位制。

在当前的计划下,美国没有必要效仿英格兰放弃金本位制。因为美国将会拥有一个可以既防止通货膨胀又防止通货紧缩的金本位制。这种金本位制实际上与商品本位制即真正的购买力本位制非常相似,这对于债权人和债务人来讲是同样公平的。也许我们永远没有调整黄金价格的必要,但一旦必须调整,那么这种调整就一定是对经济有利而不是有害的。

如果黄金价格被调高了,那只能是因为不调整的话我们将遭受通货紧缩之苦;也就是说,只有当黄金变得稀缺,从而其价格明显应该上调时,我们才可以上调黄金的价格。

反之,如果黄金价格被调低了,那也只能是因为不调整的话我们将遭受通货膨胀之苦。换句话说,也只有当黄金的数量变得过多,以致其价格明显应该下调之时,我们才会下调黄金的价格。

无论何时,只要黄金价格被上调,就会通过以下两种方式自动提高并因此而改善储备率:

1. 刺激黄金持有者向联邦储备系统出售他们所持有的黄金,同时抑制从联邦储备系统购买黄金的企图。

2. 提高联邦储备银行金库中所储黄金的美元价值。

例如,如果黄金的价格上调 1%,则金库里原来价值为 20.67 亿美元(按 20.67 美元/盎司计算)的 1 亿盎司黄金的价值就提高了 1%,也就是说,现在的黄金价格是 20.8767 美元/盎司,总价值为 20.8767 亿美元,增值了 2,067 万美元,而这将作为一项利润计入联邦储备银行的账本中。

相反，无论何时，只要黄金价格被下调，就会通过以下两种途径自动降低储备率：

1.抑制黄金持有者向联邦储备系统出售他们所持有的黄金，同时鼓励他们从联邦储备系统购买黄金。

2.降低金库中所储黄金的美元价值。

这种损失当然也要计入联邦储备银行的账本中。

在这一计划下，无论是反通货紧缩还是反通货膨胀，稳定经济委员会这一体系所拥有的权力都是不受限制的。它的购买力几乎是无限的。当它运用其购买力之时，不但会提高那些它所买入的商品和证券的价格，还会提高大量其他商品和证券的价格。这不仅仅是因为证券具有交互传导的性质，也是因为这种购买力一旦被运用，其影响便很难停止。那些接收到这种购买力的人会购买其他的证券和商品，并因此而提高它们的价格，依此类推，这样，这种购买力就会依次无限地传递下去。这种新的购买力的出现并不是以其他某些购买力的消失为代价的，这同个人消费是完全不同的，因为个人消费所花掉的钱在被他们得到之前都已经存在于流通中了。而美联储所发行的银行券及其他形式的信用都是新创造出来的，都是净增加的流通媒介。这种新的流通媒介会持续提高国家每年的购买力水平，直至其被收回。

为了说明联邦储备系统的这种购买力在当前的计划下在维持物价水平方面是如何势不可当，我们假设现在正有一场席卷全国的银行挤兑和囤积货币潮，而这正在导致流通媒介的不断失血。但这种失血不论有多严重，都可以做到失血有多快，补血就有多快:联邦储备系统可以通过购买其所发行的证券的形式向流通中注入联邦储备银行券,也可以用存款余额来支付这笔款项。但如果黄金价格被上调得比较充分的话,就没有必要降低储备率。而且,如果行动足够迅速的话,就不会出现囤积行为,因为囤积行为是通货紧缩的结果。如果行动不够迅速,则囤积行为可能会发生;然而,尽管侵袭着囤积者的那种恐惧经常是无理可循和变化无常的,强有力的行动还是至少可以将其所产生的后果抵消。

同样道理,只要有能力提高黄金的价格,黄金外流到其他国家也不能阻碍这一计划的防通货紧缩能力的发挥。其能力可能受到限制的唯一情况是,联邦储备系统为了搜集其所控制范围内的所有政府债券以及符合条件的其他证券而穷尽了整个现有的合法的证券市场。

我们再看看相反的情况,假设当前经济正因为投机性的活动而面临着通货膨胀的威胁,贷款数额不断增长,以支票来提取的存款的数量也逐渐膨胀。在这种情况下,如果有必要的话,美联储可以无限制地抛售其新发行的债券,并收回联邦储备银行券(使会员银行及美国政府账本上的存款余额减少)。美联储未偿信贷的缩减会使会员银行也收紧它们向其客户所发放的信贷的规模。因为如果不这样的话,它们的准备金率就将降到法定要求之下。这种信贷的缩减,规模是无限的,因为美联储所发行的债券数量也是不受任何限制的。

只要美联储能够降低黄金的价格,则黄金从国外的输入就不会对美联储控制通货膨胀的效果造成不利影响。

当然,黄金价格的每一次波动都会使汇率发生改变。但由此而对对外贸易所造成的极小的不便如同其他不便一样，可以很容易地被人们考虑进来，而且也不会来得非常突然。况且，与国内贸易得以实现价格稳定这么大的好处相比，这点儿不便实在相形见绌；因为对外贸易的量是非常小的，大概仅为国内贸易的1/10。

而且，目前，我们几个主要的外国贸易伙伴都已经脱离了金本位制，因此基本上不会再给我们带来更多的不便。最终，很可能出现这样的情况，即所有重要的贸易国家都采取统一的稳定法规和政策。

只有在一种情况下我们是无法充分保护物价水平免于通货膨胀和通货紧缩的，那就是通货膨胀由政府主导时。政府由于拥有着最高权力，因此可以破坏任何定下的规则、脱离金本位制、增加货币供应量，以满足其自身的需要。

在出现大灾难的时期，例如战争时期，这种情况通常会发生。法律没有办法防止政府主导的通货膨胀，因为政府就是立法者。但只要制定的规则得到了遵守，经济稳定委员会和联邦储备系统就可以完全控制流通媒介（包括存款货币），并将通货膨胀或通货紧缩限制在任何可能的水平上。

一些技术上的细节

14.无论何时，只要黄金的价格发生上述调整，

(a)铸币局将停止铸造金币，除非出现下面的(d)中所描述的情况；但其无限制地以官方价格购入黄金的行为将会持续下去。

(b)美国财政部将以官方价格卖出金条，以此来赎回政府券

(United States notes)、国库券(Treasury notes)及其他各种形式的纸币,这些纸币现在都是可以用黄金来赎回的,但不能用金券来赎回。

(c)美国财政部将继续以金条或金币的形式从金券持有者手中赎回金券,具体采取哪种形式,金券持有者可以自行选择,赎回价格为当前通行的20.67美元/盎司,或23.22格令/美元。

(d)铸币厂得到授权和指示按照当前1美元23.22格令纯金的标准来铸造金条,也可以为满足金券持有者的需求而制造金币,这些金条或金币都归政府所有。

(e)流通中任何分量充足的金币都可以按照面值向美国财政部兑换金条,它们也将继续作为完全法偿货币而流通。

(f)金条在官方价格(联邦储备系统卖出金条的价格)的水平上将继续充当完全法偿货币,只要这些金条是9/10纯度的标准金条——美国政府根据财政部长的规定对这些标准金条的纯度和重量都打上了官印。

评　论

这样,金券和金币的持有者就没有什么抱怨的理由了,因为他们可以在任何时候成为金币的持有者。而如果金币持有者所持有的金币美元(23.22格令/美元)含金量比当前新的金条美元含金量高,就可以把它们熔化成金条,这样就可以得到比原来更多的美元。而如果他们的金币美元比当前新的金条美元含金量低,这些金币便可以按照其面值被作为辅币(token coin)来使用,或者被政府用新的含金量更高的金条来赎回。

15.为了应对黄金价格有时可能会发生波动的偶然事件，联邦储备系统有权有组织地积聚金券以换取联邦储备银行券，财政部也被授权在适当的时候有组织地收回并销毁这种金券（前提是它不再被需要），从而最终使得还没等黄金价格波动这一偶然事件发生，流通中的金券就几乎完全被联邦储备银行券所替代了。

16.如果经济稳定委员会认为存在通货紧缩的风险，即使上述银行券回流到联邦储备银行，联邦储备银行也可以重新发行一些银行券，并通过会员银行或其他渠道将其重新投入流通。

17.该法案通过六个月以后，所有债券、票据以及到那时还未履行的包含著名的"黄金条款"（"可以用纯度和重量都符合当前标准的金币来支付"或其他与此含义类似的话）的其他合同义务，都将按照一定的百分比被征税，除非双方在上述六个月内已经达成一致，同意在上述合同中以稳定后的美元代替有着当前规定的纯度和重量的金元。

联邦储备系统

18.如果存在通货紧缩的危险，那么联邦储备系统除了可以采取其他应对这种偶然事件的措施外，还有权降低对各会员银行的最低准备金要求，降低的幅度是统一的。而反过来，如果存在通货膨胀的危险，则联邦储备系统除了可以采取其他应对这种偶然事件的措施外，还有权提高对各会员银行的最低准备金要求，提高的幅度也是统一的。

19.联邦储备委员会的职员里夫勒曾提出了一项计划，并得到了联邦储备委员会的大力推荐，即银行准备金率应该根据存款的流通速度而进行调整，准备金率应该等于5%+存款日周转率/2（存款日周转率最高限为15%）。这将非常迅速而有效地控制会员银行的信贷能力。

20.1865年3月3日通过的对州银行券征税的法案将予以修正，增加这样一条："联邦储备系统得到授权和指示，要对为所有非会员银行提供的支票结算服务收取一定百分比的服务费。"

或者也可以对州银行的存款征税，就如同在1865年它们的银行券被征税那样，理由也是相同的，即有助于建立一种全国统一的交换媒介。

21.除上述举措外，还可以采取"印花货币计划(stamped money plan)"，我们将在附录Ⅶ中介绍这一计划。

对于我们前面提到的许多条措施，如果我们采取了其中的一些，那么另一些就没必要再采取了。而之所以要将它们都列示出来，就是为了表明在所有可以想象的条件下，可用于稳定经济的手段是非常丰富的，尽管我们还没有将所有可以采取的手段都囊括在内。对于这些措施和手段，我们需要指出的是：

(1)那些已经在一定程度上有意被采纳来实现经济稳定目标（即对抗通货膨胀和通货紧缩）的手段，正在改变再贴现率和公开市场操作。

(2)对物价水平起效最快的办法可能是本附录第21条和附录Ⅶ中所提到的印花货币计划、前面的第3至第9条所介绍的债券储蓄计划，以及第19条中所介绍的根据存款周转率来自动调整准备金。

(3)受限制最少，最为灵活、自由的手段就是调整黄金价格计划。

附录Ⅶ　关于通货再膨胀和稳定的其他计划

让承兑汇票的使用变成一种普遍现象

西屋电工制造公司(Westinghouse Electric and Manufacturing Company)董事会主席安德鲁·W.罗伯特森(Andrew W. Robertson)先生建议,不管在任何地方,只要有可能,我们就应该以90天承兑汇票(与我们做交易的人向我们开具的)来支付我们的账单。这些汇票在一定程度上所起的作用就好像额外增加了交换媒介;如果这一建议能够得到广泛采纳的话,物价水平将会得到显著提升。

给生产者的补贴

马尔科姆·罗蒂上校曾经提出过一项对生产者提供补贴的计划。我们知道,有些项目是政府需要企业去承担的,但企业经常不愿介入,因为承担这样的项目企业需要从银行借入大笔资金,而政府此时为激励企业就需要为敢于这样做的企业提供一定的补贴——企业家要通过竞标的方式来获得这种政府优惠。

给零售商的补贴

零售商补贴计划是由J.B.布鲁厄姆(J.B.Brougham)和E.F.哈维(E.F.Harvery)提出的。根据这一计划,政府应该对于零售商每天存入银行的存款提供一定比例的补贴,从而使得零售商可以给他们的顾客一些折扣。短期来看,这些折扣会降低零售价格,但最终整体的物价水平将会由于支出的增加(即货币流通量的增加)而提高。

给零售商顾客的贷款

一项名为“蒙大拿州大瀑布城”(The Great Falls, Montana, Plan)的计划正在实际运作过程中。该计划是由大瀑布城信用交易所(Great Falls Credit Exchange)的主管拜伦·德福雷斯特(Byron De Forest)所提出的。根据它的执行情况来看,它其实就是一项向社会地位低下又比较困窘的买家提供贷款的计划。几乎所有工作稳定的人最终都还清了贷款。这些发放给他们的无担保贷款同大多数其他贷款一样安全,前提是这些人有健康的身体且有工作。这一计划使得商店的店主们可以通过背书其顾客所开具的票据来筹集资金。德福雷斯特先生是这样表述他的这一提议的:

“我们建议国会成立一家‘融资公司’,按照全美各地的征信机构的征信记录，将几十亿美元的款项贷给那些值得信赖的人，这些贷款可以以分期还款的形式偿还，还款期限可根据需要调整，年利率不超过6%，除了债权人的背书外没有任何担保。这一计划将立刻将几十亿美元的资金释放到交易渠道中去。”

印花货币计划

自从1929年以来，差不多有100亿美元的存款货币已经蒸发掉了。而余下的这些存款货币其流通速度只有1929年时的40%。之所以存款货币的下降速度会这么快，一个主要原因就在于商人们在借款时畏首畏尾。如果他们确信会有大量买家的话，他们就愿意借款。如果可以设计一项计划，通过该计划的实施可以让购买行为首先发生的话，那么商业借款行为就会接踵而至。

为了刺激购买行为，有人提出了一个设计巧妙的计划，但我无法确定是由谁提出的，[①]我们下面就将介绍该计划的一个变体。让政府印几十亿特殊的美元钞票，这些钞票的背面都被分割成12个部分，每个部分有1美分的印花税票那么大，每个部分都标注上日期，这些日期分别是连续的12个月的第一天。给每个公民（或每个登记注册的选民，或者以其他被认为比较公平、不会出现欺诈或重复领取的方式选出的人）分发100张这样的美元。这一“礼物”其实是取之于我们所有人而用之于我们所有人（因此根本就不

① 上文的内容写完后，我就已经基本上了解到，这一计划是由阿根廷的Silvio Gesell于1890年提出的。而1931年，德国的一些地方采用了这一计划。参见Hans R. L. Cohrssen发表在*The New Republic*（1932年8月10日）上的一篇文章。

算什么礼物)，目的就是为了增加货币流通，提高物价水平。每一美元钞票都是法偿货币，只要它上面有直到它被赎回的那个月为止以前所有各月的印花。任何人都不可以在其面值的水平上拒收它，因为它是一种法偿货币；也没有哪个持有这种货币的人愿意把它保存在手头超过一个月，因为那样的话他们就得为其再交一次印花税，因此也就更别说有人会愿意把它囤积起来了。在许多时候，一张这样的美元钞票一个月内要流通好几次，因为每个使用它的人都想省去一美分的印花税，直到新的月份的第一天到来。据估计，这样的一张美元一年内平均流通次数可达 12 次以上。这一计划其实就是对囤积行为征收印花税，这既增加了货币的数量，也提高了货币的流通速度。

当 12 个用于印花的空间都已经满了之后，这种美元钞票将被政府赎回，赎回方式由政府决定，既可以以另外一张同样的印花美元也可以用一张普通的美元来取而代之。如果这样的印花美元经过不断地赎回可以在市场上流通 9 年(108 个月)的话，那么到那时用于赎回的资金其实就可以看作是由公众向政府提供的了，因为公众支付了 108 美分的印花税——这比一美元还多出了 8 美分。

如果有 4,000 万人口收到了这 100 张印花美元，政府就相当于总共多得到了 3.2 亿美元(8 美元×4,000 万)的财政收入。

这一独特的计划使得每一位消费者，包括失业者立即拥有了一定购买力。实际操作中，必要时可以将受惠人群限定为失业者，而最初的“礼物”在数额上可以有所提高，比如说向 800 万失业者每人派发 500 美元，这样的话总共发行的印花美元数量还是一样的。这可以立竿见影地解决两个问题:紧迫的失业救济和通货再膨胀。

这些新的美元钞票将成为现有流通媒介的一个增量。而且,它们的流通速度要比货币正常情况下的流通速度更快。①

最终,只要其所产生的提高物价水平的效果被明显地感受到,且人们事先并没有预料到会产生这种效果,那么囤积其他货币的行为就会停止,所有货币,包括存款货币,都会加快流通速度。简而言之,新货币会通过提供新的购买力,并惩罚任何延迟消费掉它们的行为的方式,来促使经济运转起来。

其他的流通媒介将会出现轻微的萎缩,因为公众需要拿出一部分钱来购买印花税票。但这笔钱仅仅相当于每月新增加的货币的1%。即使政府将公众为购买印花税票所上缴的全部金额在这108个月内都闲置不用,新增的美元钞票的数额也总是比上缴给政府的金额多(最后8个月除外)。货币净增量9年内平均可达大约20亿美元,差不多为总的新发行金额的一半。但据推测,政府不会把公众上缴的所有用于支付印花税票的钱全部闲置不用。②

这一计划的一个优势在于它并没有对黄金储备造成压力。它也不会让财政部感到措手不及,更不是像奖金法案这样特别的法

① 参见 *The Purchasing Power of Money*, by Irving Fisher(chapter Ⅻ), MacMillan, 1931。

② 此外,经济中可能还会出现其他形式的一些调整。例如,一旦囤积起来的货币被释放出来,流通中就会出现短暂的货币过多现象。这将导致一些多余的货币——基本上是联邦储备银行券——被存入银行。存款人将会收到一张存款凭证,这样,存款货币的数量便增加了。联邦储备银行券将被送往联邦储备银行并被注销,而用于支持这些银行券的相当于其数额40%的黄金将被释放出来充当这些银行存款的准备金。

规(除非是作为失业救济)。尽管这一计划如果被用于(尤其是)失业救济,就可能被称作是一种救济行为,但它至少是一种没有成本的救济行为。事实上,如同免除政府间债务可能会使美国的纳税人变得更为富有,而不是变得更加贫穷一样,它也会通过对货币病发动攻击,而使我们其他人变得更加富有。只要人们意识到了修正已经崩溃的价格结构的极度重要性,这些看似矛盾的结论就不会让人感到惊讶。

我们也没必要担心,给失业人员派发这样的礼物会鼓励人们失业,因为除非再出现一次经济萧条,否则就不会再有这样派发的机会。当然,没有哪个失业者会为了再享受一次 500 美元的待遇而情愿依旧保持失业状态。在此期间,非自愿失业将会随着经济的复苏而消失。

尽管有这么多论据支持印花美元计划,但如果这种向失业者或所有人派发礼物的行为还是遭到反对的话,读者也要知道,印花美元还可以以其他几种方式投入到流通中。

如果我们把印花美元看作是政府向公众发放的一笔贷款,每月按贷款额的 1%还款的话,那么这种看似奇怪的计划就会显得不那么奇怪。就好像埃夫里曼先生(Mr. Everyman)* 打算以可靠的抵押品为担保从复兴金融公司贷款一样,他同意以分期付款的形式通过印花税票来偿还这笔钱。

在这些交易中,没有人有任何理由抱怨。政府拥有充足的担

* 埃夫里曼为英语 everyman 的音译,这里用“埃夫里曼先生”来借指每个人。——译者注

保，也就是说，偿还是确定的。借款人（最初得到这一礼物的人）得到了在他看来是对其个人的一件礼物，他似乎可以把大部分的偿还责任转移给其他人——尽管毫无疑问当他收到这些美元的时候，他会被要求提供印花。所有贴印花的人所得到的好处都会大于坏处，因为这一计划会迅速带来经济的好转。每个贴印花的人都会觉得他所支付这笔印花税或消费税简直微乎其微，就像现在人们支付支票的印花税时所感受到的一样。（从 1898 年开始，以支票提现的人需要自行贴印花。）

当然，这一计划有许多管理上的细节需要安排。如果某人用这种印花美元的一美元来购买价值不到一美元的商品，那么要求他付给另外一方一美分以支付下次的印花税票（这样，另一方就不必承担多于他所应承担的 1%的税负），就可能会省去很多争吵。

这一计划也可以作为一项私人的应急之策被用于实际操作中，个人、企业、银行、清算所、市政当局都可实施这一计划，只要联邦政府不提出反对意见——清算所券（Clearing House certificates）目前就已经开始流通了。甚至我们都不需要一部补偿货币法的帮助。这一计划的实施完全采取自愿的方式，与此计划大体上相同的一个计划已经在德国局部地区实施了。① 当然，这一计划还是更适合处于政府的控制之下，这样才能实现预定的通货再膨胀。

---

① 所谓的"Wära"货币是由 100%的德国马克作为准备金来支持的，这样用它来代替流通中的那些马克就不会对总的流通媒介带来净增加，它的唯一优势在于它的流通速度特别快。图 14 给出了一张曾经真正流通过并贴上了几个印花的"Wära"券摹本的背面图样。

图 14

除了作为对抗萧条、阻止货币囤积行为和启动通货再膨胀的一个应急之策以外，该计划还可以通过改变印花的时间间隔、投入到流通中的印花美元的数量，或者使两者全都改变，来充当一个永久的经济稳定工具。当然，政府也可以发行这种钞票来支付它本身的一些花销或者购买债券。（实际上，最初发行这种钞票时可能就是出于此目的而并非是作为一种礼物来派发的。）

为了使这种钞票能更好地发挥作用，我们可以根据需要对其数量进行调控。这种调控当然应该受到法律的限制，需要参照某一指数来进行，并且只能出于稳定经济的目的。

黄金休战计划

我的指数研究院（Index Number Institute）的欧洲分支机构的院长赫尔曼·沙伊伯勒（Hermann Scheibler）博士提出了一项

计划。国际劳工组织1932年4月29日的一份决议声明道：

“为此，大会要求国际联盟尽早将黄金休战提议提交给其相关权力机构进行表决。”国际联盟的经济委员会已经对此进行了讨论。

用沙伊伯勒博士的话来说，这一计划的要点是：

> “几个重要的缔约国彼此保证各自拥有当前的黄金份额不变。”
>
> “为了使相互之间的保证切实有效，各缔约国每月或每季度要向一个国际清算办公室报告它们所拥有的黄金的流动情况。在结算日前的这段时期内从国外流入的黄金多于向国外支付的黄金的那些国家，须将超出部分的黄金移交给该国际清算办公室，作为向其提供的一项带有指定偿债基金支付条款的长期计息贷款，其中利率和偿债基金都会事先确定下来。而清算委员会接下来将会把这些结余的黄金转交给那些在这段时期内出现黄金赤字的缔约国。简而言之，在每个结算日，各缔约国所持有的黄金数量会回到其原先的水平上。”

在一些黄金短缺的国家里，黄金撤出流通领域正在使银行业和商业陷入瘫痪之中，而这一计划基本上化解了人们对于黄金撤出流通领域的担心。

更多的一些措施

在经济萧条时期可以采用的其他“通货再膨胀”性质的应对之

策包括：

同一战时期一样，可以实施黄金禁运。这将极大地提高能够保持黄金平价的货币的数量，从而有助于避免丧失黄金平价并因此完全脱离金本位制。

全国性银行可以被授权以政府债券为基础发行银行券。[①]

就像《联邦储备法》通过之前那样，清算所券可以被用作紧急货币（emergency currency）。

关于白银和黄金

世界各国之所以主要采用金本位制，是因为金本位制有着悠久的声望，同时也是因为黄金是最为便利的国际结算媒介。那种认为黄金本身在价值上具有稳定性的想法是没有根据的；1932 年（笔者写作本书之时），我们看到有如此多的国家都在脱离金本位制，其中一些国家还在寻求某些更为稳定的东西来取代黄金，由此可以想见，金本位制被各国普遍放弃或调整的可能性非常高。我们在上文中已经对其中的一种调整方式（"美元补偿"计划）进行了介绍。

另外一种调整方式则主要涉及白银地位的恢复，从而使白银和黄金一同发挥功效，以拓宽我们信贷结构的基础。

1926 年，英格兰在印度废止了白银的通货地位，这引发了白银价格相对于黄金价格的大幅滑落，同时也造成了白银购买力的

① 这一部分是早先写就的。现在，为此已经通过了格拉斯—博拉（Glass-Borah）法案。

下降。中国这个目前仅存的银本位制国家，其商品价格水平的上涨很好地说明了这一点。我们在正文中提到，金本位制国家出现的物价水平的下降已经对其商业和出口构成了伤害，而与此相对，银本位制国家出现的这种物价水平的上涨对其商业和出口则起到了促进作用。

恢复白银的地位将帮助金本位制国家扭转其相对于银本位制国家的这种不利地位。为此，美国值得拿出时间来实现白银价格相对于黄金价格的上涨。但这样做最主要的好处可能是我们刚刚所提到的，即拓宽我们的货币基础。有多种方式可以让我们达到这一目的。白银可以再一次成为法定的银行储备。这正是拓宽我们的信贷结构基础的目标。显然，目前(1932 年)并没有充足的黄金来可靠地维持经济萧条前的物价水平。即使现在有足够数量的黄金，若干年以后，这种数量充足的情况也难以为继。这将意味着我们只能面对一种两难选择：要么任由物价水平下降，并对其给债务人造成的困窘状况坐视不管；要么让物价重返原来的水平，从而再次承受物价水平可能崩溃的风险。

无论如何，使白银重新成为银行储备的一种选择，都会有助于将物价水平更加可靠、持久地维持在适当的水平上。恢复白银的地位有诸多方式。其中一种方式就是采用金银复本位制(bimetallism)。但这种方式的效果不是太令人满意，因为它本身有着很高的不确定性。[1] 复本位制迟早会转化为其中一种贵金属的单本

[1] 参见"The Mechanics of Bimetallism," by Irving Fisher, (British) *Economic Journal*, 1894。

位制。

还有一种方式是混合本位制(symmetallism)。但这种方式即使在政治上可行,也会要求立即脱离金本位制。尽管从理论上来讲这种方式非常可取,但实际应用起来却充满着诸多复杂的问题,例如包括“黄金条款”在内的一些合同如何处理(尽管我们已经指出,可以通过征税的方式而在实际意义上将这些条款废除掉)。

在我看来最好的一项计划是由小詹姆斯·H.兰德(James H. Rand Jr.)所提出的。他建议我们(能和其他国家一道就更好)像《谢尔曼法案》规定的那样以市场价格买入白银,手握这些白银,我们可以发行或随时准备发行新的金银币。这种金银币的1美元中包含40美分的黄金(兰德先生称其为40%的黄金储备),其白银的含量相当于我们当前流通的银元(silver dollar)中的白银含量。这些新的美元同银元一样,将成为完全法偿货币。而代表这些金银币(或金银条)的券证也将会发行(与银券多少有些类似)。

政府购买白银的数量不是没有限制的,一旦这种金银元真正值1美元,也就是说,其中所含的白银达到60美分,这种购买行为就会停止。60美分的白银加上40美分的黄金,这将构成一张足值的美元。此时,购买白银的行为就会停止。而当白银的价值超过60美分,比如说61美分,从而使1金银元的内在价值达到101美分时,政府就会转而卖出白银,而不是买入,直到1金银元的内在价值不再高于1美元。如果其价值再次降到1美元以下,购买行为又会重新启动。通过这种方式,金银元的价值将会保持或基本保持与面值相等。

这样的金银元可以用作储备,而黄金依然是本位货币。

白银的买入和卖出都应该有一个不可逾越的上限。白银的卖出量要以政府所拥有的白银数量为上限，而买入白银的上限则应以不放弃金本位制为原则来设定。

我们还要保持金本位制吗？

如果金本位制被彻底放弃，所有国家都采取一种有管理的货币的话，那么黄金兑换其他货币的地位就会被有管理的法定纸币所取代。这种情形我们在联邦储备系统中就可以看到。在联邦储备系统中，“法定货币”，例如银元和银券（从其法偿额远远高于其内在价值这个意义上来看，它们属于“不兑现”货币）就充当着会员银行的存款准备金。这种新的法定货币机制最好能以一种国际纸币为基础，通过签署条约使其在所有国家都成为法偿货币。①

然而，脱离金本位制并不是一件容易的事情，尤其是在美国。

英国脱离金本位制度的过程是这样的：1931 年 9 月 20 日，星期日，内阁会议决定暂停执行 1825 年和 1844 年的《银行法案》，这两项法案规定英格兰银行有义务买入所有以每盎司标准金（11/12 的纯度）3 英镑 17 先令 9 便士的价格出售的黄金，并有义务在每盎司标准金 3 英镑 17 先令 10.5 便士的价格上向所有愿意购买的人出售黄金。关于这一决定的通知被送交到英格兰银行官员们的手中。于是，9 月 21 日周一早晨银行一开业，银行官员们便不再

① James H. Rand, Jr. 建议，这种货币可以作为国际债务结算计划的一部分被创造出来。

买入和卖出黄金了。其实，银行官员们的这一行为是不合法的，直到国会于当天晚些时候通过了一项法案，正式暂停了黄金的买卖条款。

美国没有英国这种即刻制定法规的传统。当我们的参议院还在就这一问题展开争论时，我们的黄金已经被外国人和投机者抽走了，每家银行都被迫暂停铸币的支付。对于美国来说，似乎没有其他更加有序的脱离金本位制的方式是比较可行的。立法只能等到对经济的伤害已经发生才会姗姗来迟。

1932 年，美国曾试图通过立法授权联邦储备委员会对黄金的买卖价格进行调整。制定该项法律的一个意图就是在紧急时期，把政府出售黄金（即用于各种偿付）的价格提高到一个极高的水平，从而使我们迅速脱离金本位制。换句话说，联邦储备委员会会大幅降低金元的重量。这一提案的最主要优点在于在政府真正采取行动之前，其意义可能不会被人所理解。但也恰恰是它不易被人理解这一事实最终使它没有得到采纳。

对于美国来说，脱离金本位制所遇到的一个最主要困难是存在着大量包含黄金条款的合同，这些合同规定，必须以“具有当前重量和纯度的”金币来进行支付。发行绿背纸币的决议证明了国会有着令美国的纸币成为法定货币的权利，该法定货币可用于支付这项法案出台前所订立的契约中约定的债务，这是千真万确的。然而，该法案只与那些普遍意义上需要进行货币支付的合同相关，而那些需要支付特定种类的货币（例如“具有当前重量和纯度的金币”）的合同则不受该法案的管辖。但布拉德利（Bradley）法官说：“我实在无法理解法院为什么会以多数票做出裁决，认定这项法案把那些规定以金币来支付的合同囊括进来的企图是违反宪法的。这一裁决将使为政府所争取的权力彻底落空。”

但有可靠的法律依据表明，从宪法的角度来讲，国会是没有权力废除那些包含黄金条款的合同的。

显然，应对这些包含黄金条款的合同最有效的一种方式就是对合同的执行征收重税。税收的力量似乎是无限的。

然而，与脱离金本位制相伴而来的混乱和失衡在美国似乎表现得非常严重，以至于单单是出于这个原因，尽可能保留金本位制都是一个明智的选择。

还存在一种可能，值得我们在这里提一下。由于在今天，黄金并没有明显地起到增加其他货币的价值的作用，相反，它几乎完全是从其他货币那里获得其自身的价值，因此下列措施或许是可行的：(1)在法定货币（目前作为会员银行存款的准备金的那部分货币）的基础上增加足够数量的其他“法定的”不兑现货币从而使黄金变得过剩；(2)使这种不兑现货币也成为联邦储备银行券的准备金；(3)由于黄金丧失了作为兑现基础的地位，对黄金的更多需求也随即消失，这样政府就可以将黄金去货币化直到这样的程度，即不再要求以黄金来兑现，而是要求金币必须兑换成其他货币，其他货币则不可以兑换成金币。届时，黄金仍将与其他货币保持价值对等，仍可以服务于国际贸易余额的结算，也仍将在涉及黄金条款的合同中保持其地位。这一措施建议是由阿瑟·萨尔特（Arthur Salter）爵士最近提出的。

理想情况下，不兑现本位制要比任何金属本位制都优越得多；但正如阿瑟爵士所说的，直到有一天我们相信发行这些不兑现货币的政府不会滥用它的这一特权时，其优越性才会真正得到体现。如果并不是仅仅有一个国家支持这种不兑现货币的发行，而是有为数众多的国家都支持的话，那么安全性便提高了。没有哪个国家会允许与之签订协议的国家滥用这一特权。

尽管黄金作为“曾经尝试过的最好的货币标准”的声望由来已久，尽管一些保守的金本位制追随者为力挺它最近做出了很多努力，包括国际联盟黄金代表团于1932年6月所做的多数派报告（这些多数派几乎是固执地、一成不变地信守这一传统），但它远不是一种令人满意的货币标准。

在保守的英格兰，居然有不少经济学家、商人和银行家支持将有管理的货币制度延续下去，这让人感到非常有趣。1931年10月22日的一份报纸引述了英格兰银行董事巴希尔·布莱吉特（Basil Blackett）爵士的一段话：

> “我们一定要问的一个问题是，是否存在一种其他的国际本位制，比如说复本位制、混合本位制或某种非金属本位制，其效果要比金本位制更好。而如果答案是肯定的话，那么接下来的问题就是目前采用这种制度的条件是否已经成熟。”
>
> “如果通过牺牲交易的稳定性，英国可以成为自身经济命运的主宰者，而不再受美联储或法兰西银行的牵制，并且可以给国内的物价水平带来一种实际的稳定，这种有管理的货币体系至少是值得一试的。”

金本位制太过受制于金矿的发现这一偶然事件的影响了，太容易受到各种有意识或无意识的操控了。在金本位制下，有时，由于某些偶然的因素令某些大型银行储备枯竭（就好比 1931 年英格兰银行所出现的那种情况），经济便会因此而突然陷入萧条之中。

而不兑现货币体制则可以在一个很短的时间内得到加强。我们知道，当前体制下的公开市场操作要求把不兑现货币注入流通领域中，或将其从流通领域中抽出，以保持一个真正稳定的物价水平；而相比之下，不兑现货币体系并不需要这么多的技巧。真正的萧条在不兑现货币体制下基本上不会发生。而一旦真的出现了萧条，政府便可以用不兑现货币来支付账单，而不用采取“平衡预算的策略”，这样便起到了一石二鸟的作用——既解决了公共融资的问题，又解决了通货紧缩的问题。

不兑现货币拥有一个不太好的名声，这也是理所当然的。但它的缺点是纯政治性的，与经济无关，经济学家们不应当害怕谈及其缺点。过去的那种认为货币必须从其他事物中获取自身价值的观念已经被理论和实践所颠覆。在一战期间的瑞典，纸币变得比黄金更有价值，而黄金本是用来赋予纸币价值的。在乌克兰，一战期间入侵该国的德军将领发行了纸币，而当他和他身后的德国政府都在历史上谢幕后，纸币却依旧在乌克兰流通。在这两个例子以及其他我们还可以想到的一些例子中，纸币之所以拥有价值都并不是因为人们希冀某一天可以找政府将其兑现。我们自己的银券只能兑换成银元，其内在价值仅为 25 美分，且不能兑换成黄金。在 1900 年的金本位制法案颁布之前，甚至没有明确的平价政策。而且，如果我们要改变这种状况，使银券和银元不再是不兑现货币，而是可以兑换成黄金的话（比如同联邦储备银行券一样要求40%的黄金储备），那么结果将会削弱（而不是加强）我们的货币体系，增加我们黄金储备的压力，使得经济处于被洗劫或操控的风险之中，而这在任何时候都会迅速引发通货紧缩。

然而，更令人惊奇的是，我们现在随意发行的白银货币或纸币都是有着一种传统上的认可的。如果它们不是从前一代代传给我们，而是作为一种新的创意被提出，那么这种提议一定会遭到讥讽——它也本该受到讥讽。

而如果我们继承的是一个致力于价值稳定的合理、系统的不兑现货币体系的话，它在传统上也是会受到认可的。但如果这套合理、系统的体系是作为一种新的创意被提出的话，它很可能也会受到讥讽——尽管它本不该受到如此讥讽。

然而，很可能我们已经到了该认真考虑巴希尔·布莱吉特爵士的话的时候。无论如何，以不兑现货币体系来代替黄金储备的办法都应该被纳入到我们应对萧条的策略清单中（不考虑政治因素，它从经济理论的角度来想是非常理想的），否则，我们的这个清单就是不完整的。

总　结

无论何时，只要人们对于稳定问题表现出了强烈的兴趣，那么这种情况总是发生在通货膨胀或通货紧缩让经济遭受了一定的苦难之后。但是在严重而迅速的通货紧缩之后，就像在 1932 年那样，适度的通货膨胀是必要的；而在严重而迅速的通货膨胀之后，就像在 1920 年那样,也需要适度的通货紧缩。这种对原来趋势的修正的正确的叫法为"通货再膨胀"。

在实践中,作为一项长久的方针政策,通货再膨胀对于稳定经济来说总是最为紧迫的一个问题。

实际上,所有可用于通货再膨胀的方法都可以用于稳定经济;反之,所有用于稳定经济的方法也都可以用于通货再膨胀。我们已经了解到,在这些方法中,联邦储备系统可以采取的方法主要有两种,即调整再贴现率和公开市场操作,它们的目的都是为了进行信贷控制。

然而,任何一家中央银行都总要面对许多其他纷繁复杂的问题,因此它无法成为实行通货再膨胀措施和实现稳定的理想媒介,但是它的影响力永远都不可忽视,而且它总是与其他因素协调发挥作用的。我们真正需要的是政府设立一个特别的机构,比如稳定委员会。

我们已经发现了一些对于这样的一个经济稳定机构来讲最重要的方法:

针对黄金的控制:

美元补偿计划;

金矿控制计划;

绝育或过剩的黄金计划。

针对金本位制下信贷和纸币的控制:

印花货币计划;

债券储蓄计划。

废除金本位制的主要方法是:

调整不兑现的纸币，使其代替黄金成为信贷的基础。

这种纸币如果在国际范围内都受到支持就更好了。在那种情况下，每个国家基于上述国际纸币都有其自己的信贷结构调控系统，正如现在是基于黄金一样。

无论是在金本位制下还是在一种替代制度下，每个国家拥有其自身独立的调控系统都是可能的。如果它们都采用相同的指数，比如说伦敦批发价格指数，那么它们可以使它们之间的外汇交易保持大体的稳定，也可以使它们的几种货币单位之间的比率以及它们的物价水平之间的比率大体上保持稳定。

除此之外，我们还可以打造一个世界性的经济稳定系统。

胡佛总统的救济计划

胡佛总统在 1931 年 12 月 8 日发表的年度咨文中向国会提交了一份全面的紧急救济计划，以及几项可以减轻经济的繁荣和危机程度的措施。

政府和国会试图采取的这一计划包括如下内容：(1)提前制订公共工程计划，从而在萧条时期创造就业；(2)成立一个经济委员会以规划生产并防范失业或对失业人员施以关怀；(3)对政府间的债务进行调整，以恢复德国和整个世界的清偿能力；(4)成立由众多银行所组成的国家信贷公司，从而解冻被冻结的银行资产，救助那些受到不利影响的存款人；(5)成立铁路联营(Railroad Pool)机构以帮助实力较为弱小的铁路偿付其债券；(6)成立住房抵押贷款公司(Home Mortgage Corporation)，从而使房地产贷款变得更加容易得到，利率也更低，这样便刺激了建筑业，尤其是住宅建筑业的发展；(7)复兴金融公司要向陷入困境的农民、银行及其他任何陷入困境的企业提供贷款，以解冻那些被冻结的资产，并使货币和信贷重新流动起来；(8)对《联邦储备法案》进行了修正的《格拉斯—斯蒂格尔法案》使联邦储备会员银行可以以其自己开具的本票从储备银行获得贷款，并发行由美国政府债券作为担保的联邦储备银行券，这样便释放了黄金储备，从而扩大了银行信贷规模；(9)联邦储备银行方面要通过降低再贴现率和在公开市场上购入美国政府债券的方式实施强有力的反通货紧缩政策，这样可以增加会员银行的黄金储备并鼓励它们开创更为灵活自由的贷款政策；(10)进一步修正《联邦储备法案》，将全部或几乎全部银行都纳入到联邦储备系统中，从而统一并强化银行系统；(11)开展反对囤积货币的运动；(12)为使未被利用的银行准备金发挥作用，成立一些由银行家和工业家所组成的委员会。

其中的一些措施并没有达到最初预想的效果，公共工程计划、农业委员会的周转性基金和债务延期偿付计划尤其令人失望。

复兴金融公司可以被看作是第一次世界大战期间发挥了积极作用的战时金融公司(War Finance Corporation)在和平时期的复制品。复兴金融公司号称拥有20亿美元资本，但其股本最初不过5亿美元，全部为“美国所捐赠，而其资金流向则完全或部分依公司董事会的要求而定”。后来，公司的股本增加了20亿美元。公司可以将这些资金以贷款的形式发放出去，并发行15亿美元的票据和其他到期日不超过五年的证券。农业部部长得到了公司的5,000万美元贷款，以开展农业紧急救济，而且其可用资金额最高还可以提到2亿美元。该公司“有权按照它可以确定不违反该法案的条款和条件，向依据各州或美国法律所组建的任何银行发放贷款，包括由已经关闭的银行或处于清偿过程中的银行的资产所担保的贷款，而贷款对象涵盖储蓄银行、信托公司、建筑和贷款协会、保险公司、抵押贷款银行、联邦中期信贷银行（Federal intermediate credit bank）、农业信贷公司、家畜信贷公司（live stock credit corporation）等”。不超过200万美元的款项被用于救济关闭的银行。公司也可以“经州际商务委员会（Interstate Commerce Commission）批准，向那些从事州际贸易的铁路公司”以及正处在建设过程中的或处于破产清算中的铁路提供贷款援助。

附录Ⅷ　精选参考文献

更为详细的参考文献请参见：

Books about Business Cycles, Illinois University College of Commerce and Business Administration, Bureau of Business Research, Bulletin no. 22, Urbana, 111., 1928.

Schmid, Anton, "Bibliographic der Konjunktur- und Krisenforschung," *Archiv der Fortschritte betriebswirtschaftlicher Forschung und Lehre*, Vol. IV, 1927, pp. 183 - 99.

Abbati, A. H., *The Final Buyer*, P. S. King & Son, Ltd., London, 1928.

Adams, Arthur B., *Economics of Business Cycles*, McGraw-Hill Book Co., Inc., New York, 1925.

Adams, Arthur B., *The Trend of Business*, 1922 - 1932, Harper & Bros., New York, 1932.

Aftalion, Albert, *Les Crises Periodique de Surfroduction*, Paris, 1913.

Ahern, J., *Economic Progress and Economic Crises*, London, 1928.

Altman, George T., *An Investigation into the Causes of the Trade Cycle by Way of Mathematical Theory*, George T. Altman, 35 East Wacker Drive, Chicago, 111., 1932.

Anderson, Montgomery, "An Agricultural Theory of Business Cycles" *The American Economic Review*, Vol. XXI No. 3, September 1931, pp. 427 - 46.

Beckhart, B. H., *The Discount Policy of the Federal Reserve System*, Henry Holt & Co., New York, 1924.

Beckhart, B. H., *The New York Money Market*, Columbia University Press, New York, 1932.

Berridge, William A., *Cycles of Unemployment in the United States 1903—1922*, Houghton Mifflin Co., Boston & New York, 1929.

Beveridge, Sir William H., *Unemployment, a Problem of Industry*, 2nd ed., London, 1910.

Beveridge, Sir William H., "Weather and Harvest Cycles," *Economic Journal*, Vol, XXXI, December, 1921, pp. 449 - 51.

Beveridge, Sir William H., "Wheat Prices and Rainfall in Western Europe," *Journal of the Royal Statistical Society*, Vol. LXXXXV, May, 1922, pp. 412 - 59.

Bonn, M. J., *The Crisis of Capitalism in America*, John Day Co., New York, 1932.

Bouniatian, Mentor, *Les Crises Êconomiques*, 2nd ed., M. Giard, Paris, 1930.

Cannan, Edwin, *Modern Currency and the Regulation of Its Value*, P. S. King & Son, Ltd., London, 1931.

Cassel, Gustav, *Theory of Social Economy*, Harcourt, Brace & Co., New York, 1932.

Clark, J. M., *The Economics of Overhead Cost*, University of Chicago Press, Chicago, 1923.

Commons, John R., "Farm Prices and the Value of Gold," *North American Review*, January and February, 1928.

Crum, W. L., "Cycles of Rates on Commercial Paper," *Review of Economic Statistics*, Preliminary Vol. V., January, 1923, pp. J7 - 29.

Donham, Wallace Brett, *Business Adrift*, McGraw-Hill Book Co., New York, 1931.

Douglas, Paul H. and Director, Aaron, *The Problem of Unemployment*, MacMillan Co., New York, 1931.

Edie, Lionel D., *The Banks and Prosperity*, Harper & Bros., New

York, 1931.

Edie, Lionel D., *Money, Bank Credit and Prices*, Harper & Bros., New York, 1928.

Foster, William T. and Catchings, Waddill, *Profits*, Houghton Mifflin Co., Boston and New York, 1925.

Frank, Lawrence K., "A Theory of Business Cycles," *Quarterly Journal of Economics*, August, 1923, pp. 625－42.

Frisch, Ragnar, "A Method of Decomposing an Empirical Series into Its Cyclical and Progressive Components," *American Statistical Journal*, Supplement, March 1931, pp. 73－78.

Graham, Frank D., *The Abolition of Unemployment*, Williams and Wilkins, Baltimore, 1932.

Hall, Lincoln W., *Banking Cycles*, University of Pennsylvania Press, Philadelphia, 1927.

Hansen, Alvin Harvey, "The Business Cycle in Its Relation to Agriculture," *Farm Economics*, Jan., 1932, pp. 59－67.

Hansen, Alvin Harvey, *Business Cycle Theory*, Ginn & Co., New York, 1927.

Hansen, Alvin Harvey, *Economic Stabilization in an Unbalanced World*, Harcourt, Brace & Co., New York, 1932.

Hardy, C. O., *Credit Policies of the Federal Reserve System*, Brookings Institution, Washington D.C., 1932 (In Press).

Hastings, Hudson B., *Costs and Profits, Their Relation to Business Cycles*, Houghton Mifflin Co., Boston and New York, 1923.

Hawtrey, R. G., *Currency and Credit*, Longmans, Green & Co., New York, 1928.

Hawtrey, R. G., *Trade and Credit*, Longmans, Green & Co., London, 1928.

Hayek, F. A., *Prices and Production*, George Routledge & Sons, London, 1931.

Hexter, Maurice Beck, *Social Consequences of Business Cycles*, Houghton Mifflin Co., Boston and New York, 1925, p. 206.

Hobson, J. A., *Economics of Unemployment*, G. Allen & Unwin, Ltd., London, 1922.

Hobson, J. A., *The Industrial System*, Longmans, Green & Co., New York, 1909.

Hull, George H., *Industrial Defressionsy*, Frederick A. Stokes Co., New York, 1911.

Huntington, Ellsworth, *World-Power and Evolution*, New Haven, 1919, Chs. Ⅱ－Ⅳ, pp. 29, 42.

Jerome, Harry, *Migration and Business Cycles*, National Bureau of Economic Research, New York, 1926.

Jevons, Herbert Stanley, "The Causes of Unemployment: Ⅲ, Trade Fluctuations and Solar Activity," *Contemporary Review*, Vol. XCVI, August, 1909, pp. 165 ff. Reprinted with added preface and summary, as *The Sun's Heat and Trade Activity*, London, 1910.

Jevons, W. Stanley, *Investigations in Currency and Finance*, Edited by H. S. Foxwell, London, 1884.

Jones, Edward D., *Economic Crises*, MacMillan Co., New York, 1900.

Juglar, Clement, *Des Crises Commerdales*, Librairie Guillaumin etc, Paris, 1889.

Kempster, J. W., *Banking Credit and the Crisis*, London General Press, London, 1932.

Keynes, John Maynard, *Essays in Persuasion*, Harcourt, Brace & Co., New York, 1932.

Keynes, John Maynard, *A Treatise on Money*, 2 vols., Harcourt, Brace & Co., New York, 1930.

King, Willford I., "Credit in the Business Cycle," *Burroughs Clearing House*, November, 1930.

King, Willford L., *Employment Hours and Earnings in Prosperity and De-*

pression, United States, 1920—1922, National Bureau of Economic Research, New York, 1923.

King, Willford L., "The Immediate Cause of the Business Cycle," *American Statistical Association Supplement*, March, 1932, pp. 218–230.

Kondratieff, N. D., "Die langen Wellen der Konjunktur," *Archiv fur Sozialwissenschaft und Sozialpolitik*, Bd. 56, Heft 3.

Kondratieff, N. D., "Die Preisdynamik der industriellen und landwirtschaftlichen Waren," *Archiv fur Sozialwissenschaft und Sozialpolitik*, Bd. 60, Heft I.

Kuznets, Simon S., *Cyclical Fluctuations*, Adelphi Co., New York, 1926,

Kuznets, Simon S., "Random Events and Cyclical Oscillations," *Journal of the American Statistical Association*, September, 1929, pp. 258–275.

Kuznets, Simon S., *Secular Movements in Production and Prices*, Houghton Mifflin Co., Boston and New York, J930.

Lescure, Jean, *Des Crises Generales et Periodiques de Surfroduction*, 3rd ed., L. Tenin, *Bibliothéque d' Économie Politique et Sociologie*, Ⅲ, Paris, 1923.

Lescure, Jean, "Crises," *Encyclopaedia of the Social Sciences*, Vol. 4, MacMillan Co., New York, 1931, pp. 595–599.

Lightner, Otto C., *The History of Business Degressions*, The Northeastern Press, New York, 1922.

Martin, P. W., *The Problem of Maintaining Purchasing Power*, P. S. King & Son, Ltd., London, 1931.

Mitchell, Wesley C., "Business Cycles," *Encyclopaedia of the Social Sciences*, Vol. Ⅲ, MacMillan Co., New York, 1930, pp. 93–106.

Mitchell, Wesley C., *Business Cycles*, University of California, 1913.

Mitchell, Wesley C., *Business Cycles, The Problem and Its Setting*, National Bureau of Economic Research, New York, 1927.

Mises, Ludwig, *Geldwertstahlisierung und Konjunkturfolitik*, Verlag von Gustav Fischer, Jena, 1928.

Moon, Parker Thomas, Editor, Collection on: "Depression and Revival," *Proceedings of the American Academy of Political Science*, Vol. XIV, No. 3, June, 1931.

Moon, Parker Thomas, Editor, Collection on: "Can Prices, Production and Employment Be Effectively Regulated?" *Proceedings of the Academy of Political Science*, Vol. XIV No. 4, New York, January, 1932.

Moore, Henry L., *Economic Cycles: Their Law and Cause*, MacMillan Co., New York, 1914.

Moore, Henry L., *Generating Economic Cycles*, MacMillan Co., New York, 1923.

Persons, Warren M., *Forecasting Business Cycles*, John Wiley & Sons, Inc., New York, 1931.

Persons, Warren M., "Theories of Business Fluctuations," *Quarterly Journal of Economics*, Vol. XLI, November, 1926, pp. 94 - 128.

Persons, Warren M., Foster, W. T., and Hittinger, A. J., *The Problem of Business Forecasting*, Houghton Mifflin Co., Boston & New York, 1924.

Pigou, A. C., *Industrial Fluctuations*, MacMillan Co., New York, 1929.

Pownall, G. H., "Periodicity of Crises," *Palgrave's Dictionary of Political Economy*, Vol. I, A - E, MacMillan & Co., Ltd., London, 1925, pp. 466 - 467.

Reed, H. L., *Federal Reserve Policy*, 1921—1930, McGraw-Hill Co., 1930.

Ricci, Umberto, "Les Crises Economiques et la Depression Presente," *UEgyfte Contemforaine*, Vol. XXII, pp. 249 - 307.

Riefler, W. W., *Money Rates and Money Markets in the United States*, Harper & Bros., New York, 1930.

Robertson, D. H., *Banking Policy and the Price Level*, P. S. King & Son, Ltd., London, 1926.

Rogers, James Harvey, *America Weighs Her Gold*, Yale University Press,

New Haven, 1931.

Roos, C. F., "A Mathematical Theory of Price and Production Fluctuations and Economic Crises," *Journal of Political Economy*, Vol. XXXVIII, No.5, October, 1930, pp. 501–522.

Salter, Sir Arthur, *Recovery, the Second Effort*, The Century Co., New York, 1932.

Schumpeter, J., *Theorie der Wirtschajtlichen Entwic Uung*, Duncker u. Humblot, Munchen, 1926.

Snyder, Carl, *Business Cycles and Business Measurements*, MacMillan Co., 1927.

Sombart, Werner, *Der moderne Kafitalismus*, 3 vols., Vols. I – II, 3rd ed. Duncker u. Humblot, Munich und Leipsig, 1919; Vol. III, 1927.

Soule, George, *A Planned Society*, MacMillan Co., New York, 1931.

Spiethoff, Arthur, "Krisen," *Handworterbuch der Staatswtssenschaften*, Vol. VI, 4th ed., Jena 1925, pp. 8–91.

Sprague, O. M. W., *History of Crises under the National Banking System*, Supt. of Documents, Washington D.C., 1910.

Sprague, O. M. W., "Major and Minor Trade Fluctuations," *Journal of the Royal Statistical Society*, Vol. XCIV, Part IV, 1931, pp. 540–549.

Strong, Benjamin, *Interpretations of Federal Reserve Policy*, Harper & Bros., New York, 1930.

Thorp, Willard Long and Mitchell, Wesley C., *Business Annals*, National Bureau of Economic Research, Inc., New York, 1926.

Timoshenko, V., *The Role of Agricultural Fluctuations in the Business Cycle*, Mich. Bus. Studies 2, June, 1930.

Tugan-Baranovski, Michel, *Les Crises Industrielles en Angleterre*, Paris, 1913.

Wagemann, Ernst, *Economic Rhythm*, McGraw-Hill Book Co., New York, 1930.

Walker, Karl, *Das Problem unserer Zeit und seine Meisterung*, Rudolf Zitzmann Verlag, Lauf a. Pegnitz.

Warren, G. F. and Pearson, F. A., "Commodity Prices," *Farm Economics*, New York State College of Agriculture, February, 1932, pp. 1659-1705.

Warren, G. F., and Pearson, F. A., "The Future of the General Price Level," *Farm Economics*, New York State College of Agriculture, Jan., 1932, pp. 23-46.

Warren, G. F., and Pearson, F. A., "Prices," *Farm Economics*, New York State College of Agriculture, Jan., 1932, pp. 1742-1751.

Wicksell, Knut, *Vorlesungen fiber Nationalokonomie*; *Geld und Kredit*, Verlag von Gustav Fischer, Jena, 1928.

Young, A. A., *Analysts of Banking Statistics for the United States*, Harvard Press, 1928.

The World's Economic Crisis and the Way of Escape, by Sir Arthur Salter, Sir Josiah Stamp, J. Maynard Keynes, Sir Basil Blackett, Henry Clay, Sir W. H. Beveridge, The Century Co., New York, p. 185.

Interim Report of the Gold Delegation of the Financial Committee of the League of Nations, Series of League of Nations Publications Ⅱ. Economic and Financial, 1930, Ⅱ.26.

Second Interim Report of the Gold Delegation of the Financial Committee of the League of Nations, Series of League of Nations Publications, Ⅱ. Economic and Financial, 1931, Ⅱ. A2.

Final Report of the Gold Delegation of the Financial Committee of the League of Nations, Geneva, June 1932.

Report: Committee on Finance and Industry, H. M. Stationery Office, London, 1931.

Report: *The Course and Phases of the World Economic Depression*, Secretariat of the League of Nations, Geneva, 1931.

Report of the Committee of the President's Conference on Unemployment, *Business Cycles and Unemployment*, McGraw-Hill Book Co., New York,

1923.

Hearings before the Committee on Banking and Currency of the House of Representatives, on Goldsborough Bill, H. R. 11788, 1923, H. R. 494, 1925.

Hearings before the Committee on Banking and Currency of the House of Representatives, on Strong Bill, H.R. 7895, 1927, H.R, 11806, 1928. (See especially testimony of J. R, Bellerby, W. R. Burgess, John R. Commons, Gustav Cassel, E. A. Goldenweiser, Adolph C. Miller, Edmund Piatt, Walter W. Stewart, R. A. Lehfeldt, O. M. W. Sprague, Henry A. Shearer, Benjamin Strong, Owen D. Young, Roy A. Young.)

Hearings before the Sub-Committee on Banking and Currency of the House of Representatives, on Goldsborough Bill (similar to Strong Bill of 1927 and 1928), H.R. 10517, 1932. (See especially testimony of Willford I. King, Irving Fisher, Robert L. Owen.)

Hearings before the Joint Commission of Agricultural Inquiry, Senate, 1921. (See especially testimony of Governor Strong.)

刊载有关于这一主题的特别文章的杂志：

Econometrica（创刊于 1933 年 1 月；将会特别关注繁荣与萧条这一主题）

Review of Economic Statistics

Journal of the American Statistical Society

Journal of the Royal Statistical Society

American Economic Review

Journal of Political Economy

Quarterly Journal of Economics

Journal of the Royal Economic Society

Vierteljahrshefte zur Konjunkturforschung (Berlin)

图书在版编目(CIP)数据

繁荣与萧条/(美)欧文·费雪著;李彬译.—北京:商务印书馆,2017
(汉译世界学术名著丛书:120年纪念版:珍藏本)
ISBN 978-7-100-14079-9

Ⅰ.①繁…　Ⅱ.①欧…　②李…　Ⅲ.①资本主义—经济周期分析　Ⅳ.①F039

中国版本图书馆CIP数据核字(2017)第139536号

汉译世界学术名著丛书
(120年纪念版·珍藏本)
繁荣与萧条
〔美〕欧文·费雪 著
李彬 译

商 务 印 书 馆 出 版
(北京王府井大街36号 邮政编码100710)
商 务 印 书 馆 发 行
南京爱德印刷有限公司印刷
ISBN 978-7-100-14079-9

2017年12月第1版　　开本710×1000 1/16
2017年12月第1次印刷　　印张18¼
定价:90.00元